AF248043

DEBUT D'UNE SERIE DE DOCUMENTS
EN COULEUR

Couverture inférieure manquante

LE DÉLUGE DE NOÉ

et les Races Prédiluviennes

PAR

C. de KIRWAN

MEMBRE ASSOCIÉ DE L'ACADÉMIE DELPHINALE

CORRESPONDANT FRANC-COMTOIS DE L'ACADÉMIE DE BESANÇON

TOME II

THÉORIE PROPOSÉE ET RACES SURVIVANTES

PARIS

LIBRAIRIE BLOUD ET BARRAL

4, RUE MADAME ET RUE DE RENNES, 59

—

1899

Tous droits réservés.

SCIENCE ET RELIGION
Etudes pour le temps présent

Collection de vol. in-12 de 64 pages *compactes.*
Prix : **0** fr. **60** le vol.

Les revues et les journaux les plus importants de la presse conservatrice et catholique ont accueilli avec les plus grands éloges les **Etudes pour le temps présent**.

C'est avec la plus rigoureuse méthode scientifique — mais mise à la portée de toutes les intelligences quelque peu cultivées — qu'elles traitent les problèmes et les questions qui tourmentent l'âme contemporaine et déroutent les meilleurs esprits.

Le nom de l'auteur de chacune d'elles est une recommandation.

Dès l'apparition des premiers volumes, les **Etudes pour le temps présent** ont obtenu un succès dépassant toute espérance. « *Elles ne méritent pas seulement d'être lues*, a écrit dans l'*Univers* un excellent juge, M. Edmond Biré, *ce sont des armes pour le bon combat ; il faut les répandre.* »

Ouvrages parus

— **L'Apologétique historique au XIX· siècle. — La Critique irréligieuse de Renan** (*Les précurseurs — La vie de Jésus — Les adversaires — Les résultats*), par l'abbé Ch. Denis, directeur des *Annales de philosophie chrétienne.*   **1 vol.**

— **Nature et Histoire de la liberté de conscience,** par M. l'abbé Canet, docteur en philosophie et ès lettres de l'Université de Louvain, ancien professeur de théologie dogmatique au grand séminaire de Lyon.   **1 vol.**

— **L'Animal raisonnable et l'Animal tout court,** *étude de psychologie comparée,* par C. de Kirwan.   **1 vol.**

— **La Conception catholique de l'Enfer,** par M. Brémond, docteur en théologie, professeur de dogme au grand séminaire de Digne.   **1 vol.**

— **L'Eglise Russe,** par I.-L. Gondal, professeur d'apologétique et d'histoire au séminaire Saint-Sulpice.   **1 vol.**

— **La Fausse Science contemporaine et les Mystères d'Outre-tombe,** par le R. P. Th. Ortolan, O. M. I.   **1 vol.**

— *Du même auteur :* **Vie et Matière ou Matérialisme et Spiritualisme en présence de la Cristallogénie.**   **1 vol.**

— *Du même auteur :* **Matérialistes et Musiciens.**   **1 vol.**

— **Le Mal,** sa nature, son origine, sa réparation. *Aperçu philosophique et religieux,* par M. l'abbé Constant, docteur en théologie, lauréat de l'Institut catholique de Paris.   **1 vol.**

— **Dieu auteur de la vie,** par M. l'abbé Thomas, vicaire général de Verdun.   **1 vol.**

— *Du même auteur :* **La Fin du monde d'après la Foi. 1 vol.**

— **L'Attitude du catholique devant la Science,** par G. Fonsegrive, directeur de la *Quinzaine.*   **1 vol.**

— *Du même auteur ·* **Le Catholicisme et la Religion de l'Esprit.**   **1 vol.**

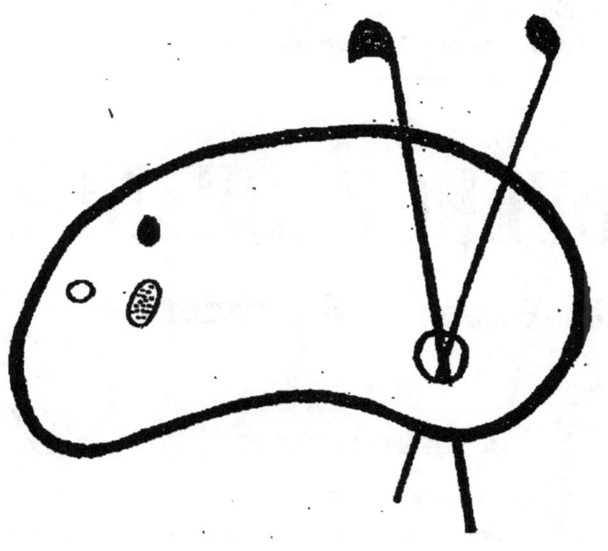

FIN D'UNE SERIE DE DOCUMENTS
EN COULEUR

SCIENCE ET RELIGION

Études pour le temps présent

LE DÉLUGE DE NOÉ

et les Races Prédiluviennes

PAR

C. de KIRWAN

MEMBRE ASSOCIÉ DE L'ACADÉMIE DELPHINALE

CORRESPONDANT FRANC-COMTOIS DE L'ACADÉMIE DE BESANÇON

TOME II

THÉORIE PROPOSÉE ET RACES SURVIVANTES

PARIS

LIBRAIRIE BLOUD ET BARRAL

4, RUE MADAME ET RUE DE RENNES, 59

—

1899

LE DÉLUGE DE NOÉ

TOME II

I

La théorie sismique
et les textes chaldéen et biblique.

Nous n'avons pas à décrire en détail la théorie
sismique du déluge et sa remarquable corrélation
avec le récit chaldéen de ce grand événement ; le tout
a été trop bien exposé naguère par M. de Girard (1).
Rappelons-en seulement les traits principaux dont
quelques-uns, toutefois, ont dû subir, par l'auteur,
certaines modifications de détail dans son dernier
ouvrage sur le même sujet, par suite de plus récentes
interprétations des textes cunéiformes.

(1) M. Raymond de Girard, dont l'esprit est ouvert à toutes les
questions, a entrepris la tâche laborieuse de résumer tout ce qui
a été publié sur le déluge biblique aux points de vue, souvent
très différents, de l'exégèse, de l'assyriologie, de l'ethnographie,
de la linguistique et enfin de la géologie.
Son plan est vaste.
Sous ce titre d'ensemble : *Études de géologie biblique*, il comprend six chapitres qui seraient beaucoup mieux dénommés livres,
voire ouvrages spéciaux ; car, à en juger par ce qui en a paru
jusqu'ici, certains de ces soi-disant chapitres comprennent ou
comprendront plusieurs volumes.
Ainsi le chapitre premier, sur les *Caractères essentiels du
déluge*, se partage en quatre subdivisions ; deux de celles-ci,
Définitions et *Caractère historique du déluge*, n'occupent pas
moins, sous ce titre commun: *Le déluge devant la critique historique*, de 374 pages grand in-octavo (plus quatre tableaux).
Une troisième subdivision, *Caractère naturel du déluge*, forme

Parti des mers du sud de la Mésopotamie, peut-être même des eaux de l'archipel Andaman, un tremblement de terre d'une puissance extraordinaire et accompagné ou suivi d'un violent cyclone, aurait jetésur les basses plaines de laChaldée un gigantesque raz de-marée. En même temps les ondulations souterraines du sol marchant dans la direction du sud-est au nord-ouest, faisaient déborder tous les canaux d'irrigation empruntés au cours des deux fleuves, ensemble et jaillir au dehors les eaux de la nappe souterraine régnant sous leur bassin entre les chaînes des collines de l'Eran ou Iran occidental (Susiane et Accadie) d'une part, d'Arabie et de Syrie d'autre part.

En même temps d'énormes colonnes mobiles, trombes d'eau, trombes de sable, s'élevaient à d'immenses hauteurs, accompagnant dans sa course vers le nord-est le raz de marée, obscurcissant le ciel, inter-

un volume de 286 pages. La quatrième n'a pas encore paru ; elle aura pour sujet : *le Caractère moral du déluge.*

Sont également inédits jusqu'ici : le chapitre deuxième (sans subdivisions celui-là au moins annoncées) sur *la Tradition diluvienne* ; le chapitre troisième sur l'*Universalité du déluge* ; le quatrième qui aura pour objet : *les Théories anciennes* dans l'*étude géologique du déluge* ; et enfin, sauf sa dernière subdivision dont nous parlons ci-dessous, le cinquième, sur *les Théories géologiques modernes.*

Ce cinquième chapitre, beaucoup plus étendu que les précédents, comprendra quatre sous-chapitres : 1° *Théorie cosmique,* consistant dans l'hypothèse d'un changement de position de l'axe terrestre ; 2° *théorie volcanique,* où sera envisagée l'hypothèse d'une éruption qui aurait eu son siège ou son effort principal dans la région occupée aujourd'hui par les îles de la Sonde ; 3° *Théorie orogénique* dans laquelle on examinera l'hypothèse des rapports que la catastrophe diluvienne aurait eus avec l'effondrement du continent Atlantide ; 4° *Théorie sismique* proposée pour la première fois par le célèbre géologue autrichien Suess, et qui, publiée aujourd'hui par M. Raymond de Girard, forme la quatrième et dernière subdivision, la seule actuellement parue, du chapitre cinquième. C'est sur elle que s'appuie la discussion qui va suivre.

Le sixième et dernier chapitre sera une étude anthropologique sur *le déluge et l'homme primitif.*

Tel est le plan que s'est tracé notre auteur. Plan large assurément. Si le savant géologue parvient à le mener à bonne fin, ce sera une véritable encyclopédie de la question diluvienne.

ceptant la lumière du jour et se déversant en précipitations aqueuses d'une intensité inouïe.

L'Arche, construite près de la ville de Surippak,
à l'embouchure du fleuve sur le golfe Persique, est
soulevée par le raz de marée et portée par lui ; elle
est ainsi entraînée dans la même direction, contrai-
rement à la pente naturelle du sol qu'elle aurait dû
suivre si les pluies eussent été la cause principale de
l'inondation. Enfin elle viendrait s'échouer ou plutôt aborder au flanc des monts *Nizir*, c'est-à-dire sur
les collines situées à l'est du Tigre, dans l'angle formé par ce fleuve avec la rivière du Petit Zab qui s'y
jette par 41° de longitude est du méridien de Paris et
35° de latitude boréale environ, à quelques lieues au
sud de Ninive.

Cette théorie résulterait de l'interprétation chaldéenne ou cunéiforme comparée au récit de Bérose
et aux versions hébraïque, phénicienne, syriaque,
arabe, phrygienne, arménienne, puis dépouillée par
une sage critique des additions fabuleuses dont l'a
surchargé l'esprit polythéiste, enfin ramenée par une
judicieuse interprétation, aux phénomènes naturels
que représentent les errements attribués aux dieux
variés des mythologies locales.

En outre, la théorie sismique aurait l'immense
avantage d'annuler l'objection au surplus toute néga-
tive, de ceux qui opposent à la réalité du déluge l'ab-
sence de toute trace par lui laissée. Le caractère des
phénomènes sismiques est, en effet, de n'imprimer
après eux aucune trace durable.

Remarquons, en passant, que l'interprétation des
textes cunéiformes, découverte admirable en soi et
qui fait le plus grand honneur au génie des assyrio-
logues, n'offre pas toujours une certitude absolue.

Le nom du principal héros du récit, qu'on avait lu d'abord IZDUBAR, a été remplacé depuis par celui de GILGAMÈS qui ne lui ressemble guère et qui est le seul admis aujourd'hui.

Les trombes d'eau et de sable se résolvant en pluies diluviennes, avaient été considérées comme l'explication des *Porteurs du trône* qu'on trouvait dans la traduction de Paul Haupt, ces colonnes mobiles semblant soutenir le ciel, trône des dieux. Le débordement des canaux, le jaillissement des eaux souterraines étaient l'œuvre des *Anûnnaki*, sorte de dieux infernaux et maritimes.

Or, une nouvelle lecture, due à Jensen, supprime les *Porteurs du trône* et fait surgir, par les soins des *Anûnnaki*, non plus des eaux mais des feux. Toutefois l'ouragan, le tremblement de terre, le raz de marée subsistent, ce qui suffit à faire concorder la théorie sismique avec le récit chaldéen. La production de flammes sortant du sol accompagne souvent les tremblements de terre, surtout dans les régions où, comme dans celle qui nous occupe, abondent les gisements de bitume et de naphte.

Sans qu'il y ait lieu de contester, à ce point de vue, tout ce que la théorie sismique du déluge peut avoir de séduisant par sa conformité avec le poème de Gilgamès, certaines interrogations se posent d'elles-mêmes. Ce sont les suivantes :

La lecture du poème cunéiforme, qui a déjà varié sur plusieurs points importants bien que secondaires quant à la théorie diluvienne, est-elle absolument certaine pour tout le reste ?

Serait-il impossible que, par l'effet de progrès nouveaux dans les sciences assyriologiques, on ne découvrît, par la suite, au fameux récit chaldéen, un sens.

différant plus ou moins de celui qui a été, au moins dans ses grandes lignes, accepté jusqu'ici ?

N'y a-t-il pas là un élément de doute légitime ?

N'appuyons pas plus que de raison toutefois sur cette note empreinte d'un certain scepticisme, et discutons la très ingénieuse et très savante théorie diluvienne de M. de Girard.

Une difficulté qui se présente d'abord est celle-ci :

Du récit biblique ou du texte cunéiforme, quel est le plus ancien ? Par suite, lequel des deux dérive de l'autre ? Pour notre auteur, ce sont deux branches d'un tronc commun non retrouvé jusqu'ici ; mais il n'en résulte pas que ces deux branches ne soient point réciproquement indépendantes. Pour être fixé sur ce point, il faut étudier toutes les traditions réellement diluviennes et antéro-asiatiques, afin d'en noter les divergences de détail les plus significatives.

C'est à ce travail de bénédictin que s'est livré M. de Girard. Après quoi il pose cette sorte de dilemme :

« Le résultat de cette étude comparée doit-il être favorable à la théorie sismique ?

« Oui, si l'on admet que le texte cunéiforme représente la tradition primitive sans altération fondamentale.

« Non, si l'on part de cette idée que le texte ninivite n'est qu'une adaptation locale, qu'une *babylonisation* d'un souvenir plus général, opérée en en revêtant le souvenir de la forme sismique si propre à la Chaldée (1). »

Appuyé sur une critique sagace et servie par une immense érudition, notre auteur, après une savante discussion, se range avec une conviction absolue à

____

(1) *La Théorie sismique du déluge*, p. 167.

la première de ces deux alternatives. Elle ne nous paraît pas néanmoins surmonter toute objection, et la seconde ne semble pas, pour autant, devoir être nécessairement rejetée.

D'après M. de Girard, toute localisation du déluge (1) autre que le bassin mésopotamien, méconnaît les circonstances traditionnelles dans lesquelles cet événement s'est accompli, le suppose réalisé en des contrées où il n'était pas physiquement réalisable et lui enlève par là toute probabilité historique, le reculant au misérable rang d'une mythe. Au lieu que la localisation chaldéo-mésopotamienne de la catastrophe, combinée avec la théorie sismique, a réponse à toute objection, explique tout, et donne, en même temps qu'une solution pleinement satisfaisante du problème, une confirmation éclatante de la réalité historique du fait.

Telle est bien, si je ne me trompe, la pensée du très érudit écrivain, et l'on ne saurait contester qu'elle offre une part digne d'attention, de vraisemblance et même de probabilité. Échappe-t-elle, cependant, à toute difficulté ? C'est au moins douteux.

De ce que le récit biblique du déluge ne mentionne pas sur quel point du globe la catastrophe a pris naissance, et de ce que le texte cunéiforme désigne expressément la Mésopotamie, il ne résulte aucune contradiction. Le texte sacré, en indiquant l'Arménie comme lieu d'abordage de l'Arche, semblerait plutôt confirmer cette localisation ; il implique du moins

---

(1) Il s'agit ici de la répartition des mers et des continents telle qu'elle existe actuellement. L'assertion de M. de Girard ne serait plus admissible dans l'hypothèse d'une répartition continentale qui aurait différé, antérieurement au déluge, de ce qu'elle est devenue depuis. Cette réserve a son importance, comme on le verra plus loin.

que l'inondation a nécessairement recouvert tout le bassin mésopotamien et y a pris fin.

On peut tout aussi bien, et, croyons-nous, à plus juste titre, considérer le récit de la Genèse comme représentant la tradition primitive, ou tout au moins la branche principale et première du tronc présumé antérieur à cette même tradition, et la version chaldéenne comme une adaptation locale de la première.

De là ne suivrait pas, à notre avis, l'abandon de la théorie sismique ; elle conserverait un rôle important dans l'explication physique du cataclysme. Seulement ce rôle ne serait pas exclusif ; il pourrait se lier à d'autres phénomènes que la légende chaldéenne n'avait pas à mentionner, ses auteurs n'en ayant pas eu connaissance et ne considérant le cataclysme que relativement à leur pays.

Par là on arriverait à éviter les difficultés plus ou moins importantes que laisse subsister la théorie sismique telle qu'elle est présentée par ses éminents auteurs.

II

Difficultés.

Il nous faut, maintenant, rechercher où gisent ces difficultés et en quoi elles consistent.

Une première remarque s'offre d'abord à l'attention.

Le poème chaldéen n'assigne à la catastrophe qu'une durée de sept jours en tout. Et le récit biblique, plus détaillé sur ce point que le texte cunéiforme, porte (1) à 40 jours et 40 nuits la marche ascendante du fléau, à 150 jours à la suite son état censé

(1) *Gen.* vii, 12, 17.

stationnaire ou ÉTALE : Et les eaux couvrirent la terre *pendant cent cinquante jours ;*

Obtinueruntque aquæ terram, CENTUM QUINQUAGINTA DIEBUS (1) ;

Enfin à une année environ (2) la durée totale du phénomène.

Le texte de Gilgamès porte simplement :

« Six jours et six nuits,

« le vent, le déluge (cyclone) et l'ouragan sévirent avec violence ;

« à l'aurore du septième jour, l'ouragan faiblit ; le déluge

« qui avait combattu comme une (puissante) armée,

« se calma ; la mer baissa, puis l'ouragan et le déluge s'arrêtèrent (3). »

Et c'est tout quant à la durée du fléau.

Comment concilier cette durée de six à sept jours seulement avec celle d'une année environ indiquée par la Genèse ?

Le savant auteur a bien prévu la difficulté, et il s'évertue à la renverser : mais son argumentation paraît peu convaincante. Qu'on en juge.

« D'après la Bible, dit-il, la phase violente est de 40 jours et de 40 nuits. Mais l'inondation que cette phase a produite se maintient sans diminuer pendant 150 jours. Dans la théorie sismique, cela veut dire que, pendant 40 jours, le raz de marée avec les phénomènes concomitants se répètent, ce qui n'a rien d'invraisemblable. Après ces 150 jours, les eaux

(1) *Gen.* VII, 24.

(2) *Gen.* VII, 11, et VIII, 4 à 12, 13.

(3) Poème de Gilgamès, Col. III, versets 19 à 23, cités par M. RAYMOND DE GIRARD : *La théorie sismique,* p. 80.

commencent à diminuer. C'est affaire d'écoulement,
d'absorption, d'évaporation ; cela ne regarde plus le
mode de production de l'inondation. En somme,
donc, l'écart n'est pas si grand ; 6 jours et 40 jours.
Il est dans l'essence des phénomènes sismiques de
durer un peu, de se répéter fréquemment pendant
les périodes appelées CRISES, sur la durée très varia-
ble desquelles on ne peut pas discuter à priori (1).»

Mais l'écart n'est pas seulement entre 6 jours et
40 jours, ce qui ne serait pas déjà aussi négligeable
que l'estime notre auteur, surtout quand il s'agit de
phénomènes généralement aussi instantanés que les
tremblements de terre ; il est bel et bien entre 6 jours
et 150 jours, ou mieux entre 6 jours et 190 jours ;
car il semble bien résulter des versets 12 à 17 et 24
au chapitre VII, et du verset 3 au chapitre VIII, que ce
fut après la pluie de 40 jours que les eaux se main-
tinrent sur la terre pendant 150 jours. Et ce serait
seulement après ce dernier laps de temps, que « les
eaux commencèrent à diminuer » sous l'influence
d'un vent que Dieu fit souffler sur la terre ; c'est alors
aussi que les sources de l'abîme et les cataractes ou
écluses du ciel furent fermées, et que furent arrêtées
les pluies qui tombaient du ciel (2).

(1) *Loc. cit.*, p. 81-82.

(2) *Gen.*, VIII, 1 et 2. On pourrait même conclure du verset 2
que le recouvrement du sol par les eaux pendant les 150 jours de
VII, 24 et VIII, 3, n'avait représenté que relativement un état stationnaire. En effet, on lit, VII, 24 :

Obtinueruntque (ou même *invaluerunt*, suivant le texte hébreu traduit par Arias Montanus) aquæ terram *centum quinquaginta diebus* ;
Et les eaux s'établirent (ou mieux : *progressèrent*) sur la terre
pendant cent cinquante jours. Et aussitôt après, VIII, 1 et 2 :
Recordatus autem Deus Noe ;... adduxit spiritum super terram
et immunitæ sunt aquæ. — Et clausi sunt fontes abyssi, et cata-
ractæ cæli, et prohibitæ sunt pluviæ de cœlo :

*Mais Dieu s'étant souvenu de Noé..., fit venir un vent sur la
terre et les eaux diminuèrent.*

Ce serait donc seulement après les 40 + 150 jours écoulés
qu'auraient été fermées les sources de l'abîme et les cataractes.

Au récit chaldéen, il n'est question d'aucun de ces délais ; mais il est dit qu'après six jours et six nuits, le déluge se calma, *la mer baissa*, le déluge et l'ouragan s'arrêtèrent. Nous voulons bien que la diminution graduelle des eaux, après la production de l'inondation, soit « affaire d'écoulement, d'absorption et d'évaporation » ; il n'en est pas moins vrai que cette régression du fléau se manifeste au bout de six jours et sept nuits d'après le texte cunéiforme, et seulement au bout de 150 ou mieux de 190 jours, d'après le récit biblique. Dans le premier la régression succède immédiatement à la marche progressive des eaux ; dans le second, outre que cette marche progressive s'accomplit en un temps six ou sept fois plus long, elle est suivie d'une phase d'arrêt relatif de cinq mois, après lesquels seulement commence la phase « d'écoulement, d'absorption et d'évaporation ». Cette phase dure cinq autres mois environ avant que le patriarche et sa famille puissent sortir de l'Arche.

En résumé la durée du déluge chaldéen n'aurait été que de 156 heures (six jours et six nuits), ce qui cadre assez bien avec la théorie sismique. Celle du déluge biblique aurait été d'un an environ, ce qui s'explique beaucoup plus difficilement avec cette théorie seule et sans accompagnement de phénomènes plus importants.

écluses ou réservoirs) du ciel, et qu'auraient cessé les pluies. Il est vrai que précédemment, VII, 12, 17, l'écrivain sacré énonce seulement que la pluie tomba sur la terre durant quarante jours et quarante nuits. Mais cet énoncé n'a rien de nécessairement limitatif ; il indique un minimum de durée ; et puisque ce n'est qu'après les 150 jours, ayant suivi les 40 jours de pluies continues que les sources de l'abîme et les réservoirs du ciel furent fermés et les pluies arrêtées, — c'est donc que les phénomènes décrits, VII, 11 et 12, après avoir sévi avec leur plus grande intensité pendant 40 jours et 40 nuits, ont continué à se produire, bien que, sans doute, avec une intensité moindre, pendant les 150 jours qui ont suivi, les eaux n'ayant pas cessé de s'élever plus ou moins pendant ce temps.

On a aussi objecté l'assertion du texte sacré (VIII, 4) concernant l'atterrissement de l'Arche sur le mont Ararat (1), alors que la théorie la fait atterrir beaucoup plus au sud, au flanc des collines du Nizir dont l'altitude ne dépasse pas 300 mètres.

Si, par l'expression de « Mont Ararat », l'on entend d'une manière générale les montagnes d'Arménie, et non le Grand ou le Petit Ararat en particulier (2), cette objection est d'une incontestable valeur. Les collines de Nizir sont, en effet, situées à quatre degrés plus au sud (plus au sud même que Ninive), assez loin déjà de l'Arménie par conséquent, et ne dépassent pas 300 mètres d'altitude ; si donc l'on admet l'atterrissement de l'Arche sur leur flanc, l'inondation n'ayant commencé qu'à Surippak, au rivage nord du golfe Persique, on aboutit à ne voir plus dans le déluge de Noé qu'une simple inondation locale. Catastrophe considérable sans doute pour ceux qui en auraient été victimes, mais assurément de peu d'importance si on la compare à l'étendue du globe terrestre.

De ce que des raisons sérieuses militent en faveur de l'hypothèse que d'autres hommes que la famille de Noé auraient pu échapper au déluge, suit-il que le châtiment divin se réduise aux proportions d'un désastre particulier ?

L'affirmer semblerait bien hardi.

(1) M. le chanoine Mangenot, *La théorie sismique du déluge,* in *Rev. Scienc. ecclés.* mars 1897.

(2) Le *Grand Ararat* et le *Petit Ararat*, deux montagnes très voisines, sont situés aux environs du 39° parallèle boréal et du 42° degré de longitude est du méridien de Paris. « Les calculs hypsométriques auxquels on s'est livré pour évaluer la hauteur du Grand Ararat, varient de 5160 à 5400 mètres. A sa gauche, au sud-est, se dresse le Petit Ararat qui a un peu moins de 4000 mètres. Il est séparé du Grand Ararat par une dépression profonde qui s'étend à une distance de onze ou douze kilomètres. » J. Van den Gheyn. *Dictionn. Bibl.*, t. I, col. 878.

Sans doute l'allure universaliste de la plupart des récits concernant le cataclysme diluvien peut et doit être attribuée dans une large mesure à l'horizon géographique borné du narrateur, ainsi qu'aux formes hyperboliques en usage dans les langues orientales. Cependant, toute part faite à ces éléments d'exagération, un certain nombre de données du récit de la Bible s'accordent mal avec une restriction aussi considérable de la catastrophe destinée à renouveler le monde antique.

Si Noé et sa famille habitaient Surippak sur les rives du fond du golfe Persique, et si l'inondation, partie seulement de là, devait s'arrêter à quelques centaines de kilomètres plus loin, on ne voit guère la raison d'être de l'édification de l'Arche, surtout dans les proportions grandioses que suppose un bâtiment dont il a fallu un siècle pour parfaire la construction. Pour préserver Noé et les siens d'une inondation qui ne devait s'étendre qu'à la vallée formée par le bassin inférieur de deux fleuves jumeaux, il était infiniment plus simple de les faire, quelques semaines ou quelques mois à l'avance, s'expatrier, changer de pays, en gagnant l'une des régions voisines que le fléau ne devait pas atteindre. Pas n'était besoin non plus de réunir et de mettre en stabulation pendant une année entière les multitudes d'animaux désignées dans la Genèse, chap. vi, 19, 20 et vii, 2 et 3, avec les provisions alimentaires nécessaires à leur subsistance. Il est infiniment probable que la plupart des espèces animales sauvages existant en Mésopotamie existaient également, le désert excepté, dans les régions voisines où les Noachides les auraient trouvées en émigrant. Et quant aux animaux domestiques, réunis en troupeaux, ils eussent accompagné dans leur exode Noé et sa famille plus facilement qu'ils n'eussent vécu une année entière parqués dans les stalles, boxes ou étables de l'Arche.

L'ensemble des détails concernant la construction et la complexe destination de ce bâtiment nautique suppose nécessairement une amplitude d'inondation trop vaste pour que le groupe d'êtres humains et d'animaux destiné à en être sauvé eût pu pratiquement y échapper par une expatriation ordinaire. Or tel ne serait pas le cas d'un déluge qui, parti du fond du golfe Persique tel qu'il existe aujourd'hui, n'aurait pas dépassé, au nord, le confluent du Petit Zab avec le Tigre. Pour s'y soustraire, il eût suffi, comme on l'insinuait tout à l'heure, d'un exode analogue à celui auquel recourut par la suite Abraham partant de la ville d'Ur avec Tharé son père pour se rendre à Haran, non loin des sources de l'Euphrate, puis, de là, gagnant, avec sa femme Saraï et son neveu Lot, la Palestine et plus tard l'Egypte (1).

Mais il est encore un autre ordre de faits qui cadre mal avec un désastre purement local, une catastrophe qui ne se serait étendue qu'à la partie inférieure du bassin de deux fleuves aussi rapprochés que le Tigre et l'Euphrate.

Il est tiré des paroles mêmes de Dieu à Noé et à sa famille après leur sortie de l'Arche, aux chap. ix et suivants de la Genèse.

« *J'établirai mon alliance avec vous,* statuam pactum meum vobiscum. *Et toute chair ne sera plus jamais détruite par les eaux d'un déluge, et il n'y aura plus désormais de déluge ravageant la terre.* ET NEQUAQUAM ULTRA INTERFICIETUR OMNIS CARO AQUIS

_____

(1) *Gen.*, xi et xii.

DILUVII, NEQUE ERIT DEINCEPS DILUVIUM DISSIPANS TERRAM.

Et comme signe et garant de cette promesse, le Très-Haut désigne l'arc-en-ciel :

Ceci est le signe de *l'alliance que j'établis entre moi et vous*.... Je placerai mon arc dans les nues, et *il sera un signe d'alliance entre moi et la terre.*

Hoc signum FŒDERIS QUOD DO INTER ME ET VOS.... *Arcum meum ponam in nubibus,* ET ERIT SIGNUM FŒDERIS INTER ME ET INTER TERRAM... (℣℣ 12 et 13.)

Et je me souviendrai de mon alliance avec vous... et *il n'y aura plus à l'avenir d'eaux du déluge pour détruire toute chair.*

Et recordabor fœderis mei vobiscum..., ET NON ERUNT ULTRA AQUÆ DILUVII AD DELENDAM UNIVERSAM CARNEM (℣ 15).

Et comme si ces garanties n'étaient pas suffisantes, deux versets, 16 et 17, sont encore employés à insister sur la solennité de cette *alliance éternelle,* FŒDERIS SEMPITERNI, et sur son signe, *l'arc dans les nues,* ARCUS IN NUBIBUS ; lequel, avait-il été dit plus haut, chap. IX, ℣ 12, *subsistera toujours,* IN GENERATIONES SEMPITERNAS.

Avant même de formuler cette divine promesse, Dieu avait prescrit à la famille noachide, *de croître et de multiplier et de remplir la terre...* Entrez sur la terre *et la remplissez.* CRESCITE ET MULTIPLICAMINI ET REPLETE TERRAM... *et ingredimini super terram* ET REPLETE EAM (1). Il avait soumis à l'empire de l'homme le règne animal tout entier et assigné à l'homme pour nourriture tout ce qui a vie sur terre (à la seule exception de la chair mêlée de sang, *carnem cum sanguine*) (2).

(1) Chap. XI, ℣℣ 1 et 7.
(2) Ibid., ℣℣ 2 à 5.

Certes, on comprend un tel langage et de telles prescriptions et assignations, si tout cela s'adresse aux représentants soit de l'humanité future tout entière, soit tout au moins de sa part principale, prépondérante. Mais, s'il ne s'agit que d'un groupe échappé à l'inondation d'une simple vallée, de telles paroles sont beaucoup plus difficiles à entendre.

Faisons la part aussi large qu'il convient à l'hyperbolisme oriental ; il n'en reste pas moins : le renouvellement de la prescription faite au premier couple humain de peupler la terre ; l'autorisation de se nourrir de tout ce qui a vie animale ou végétale ; et surtout l'engagement solennel pris envers Noé et ses descendants de ne plus châtier les habitants de la terre, (ce qui doit s'entendre tout au moins de ceux de sa postérité) par un nouveau déluge. Prenant en considération l'infirmité même du cœur humain — car les sentiments et les pensées du cœur de l'homme sont portés au mal dès sa jeunesse — *sensus enim et cogitatio humani cordis in malum prona sunt ab adolescentia sua* (1) — le Seigneur s'engage à ne plus frapper, comme il l'a fait, tout ce qui est vivant et animé, *omnem animum viventem*. Tant que la terre durera, *cunctis diebus terræ* (2), le cours des jours et des saisons ne sera pas troublé.

Tout cela, répétons-le, se lie parfaitement aux suites immédiates d'une catastrophe ayant détruit une portion notable de la population terrestre. S'il ne s'agit que d'un désastre restreint, les difficultés surgissent aussitôt.

Plusieurs inondations locales, comparables en intensité ou en étendue à celle que raconte le poème

(1) Chap. VIII, ỹ 21.
(2) ỹ 22.

chaldéen, ont eu lieu depuis lors (1). S'il reste discutable à nos yeux qu'en dehors des traditions qui se rattachent directement aux récits de la Genèse, des tablettes cunéiformes et de Bérose, toutes les autres soient *pseudo-diluviennes*, il n'en est pas moins vrai qu'il en existe un plus ou moins grand nombre de cette catégorie. Celles-là relatent des submersions postérieures au déluge de Noé et lui ressemblant cependant assez dans les lignes principales pour qu'on s'y soit longtemps trompé. Si donc ce déluge n'avait eu en réalité que les proportions réduites que lui attribue le poème assyrien, Dieu semblerait avoir été infidèle à sa parole puisque l'humanité, ou tout au moins la postérité de Noé, n'aurait pas été préservée de catastrophes similaires ou analogues à celle au sujet de laquelle cette parole avait été solennellement engagée.

III

Hypothèses complémentaires.

De cet ensemble de considérations, nous tirerons cette conclusion, semblable à celle de M. le chanoine Mangenot dans la *Revue des Sciences ecclésiastiques* (2), à savoir que la tradition chaldéenne ne reproduit plus le souvenir exact de l'événement, et qu'elle n'est qu'une adaptation au lieu d'habitation des Chaldéens aussi bien qu'à leur religion.

Suit-il de là que la théorie sismique doive être éliminée d'une manière absolue de toute tentative d'explication scientifique du déluge ?

---

(1) Déluges d'Ogygès, de Deucalion, de Dardanus, cimbrique ; inondations maritimes des côtes occidentales de l'Amérique du Sud ; déluge néerlandais, etc. Cf. *La théorie sismique du déluge*, p. 157 à 159.

(2) Numéro de mars 1897 : *La théorie sismique du déluge*.

La réponse pourrait être affirmative s'il était interdit de faire intervenir ici aucun phénomène d'un autre ordre, et cette interdiction semble bien être dans la pensée du très savant et très érudit auteur, si l'on en juge par le plan, exposé par lui et indiqué en note au bas de la première page de ce volume, de ses *Etudes de géologie biblique*. Ce plan comporte en effet un ouvrage non encore entièrement paru (1) dans lequel seront soumises à un examen critique les diverses théories scientifiques pouvant être proposées dans ce but.

Ces théories seraient au nombre de quatre : *cosmique* (changement brusque dans la direction de l'axe terrestre); *volcanique ; orogénique ;* enfin théorie *sismique,* sujet du volume déjà plusieurs fois cité, et qui paraît être aux yeux du savant géologue, la seule admissible, parce qu'elle serait la seule qui concorderait exactement avec la tradition chaldéenne, considérée par lui comme la tradition primitive.

Laissons de côté la théorie cosmique, et acceptons d'avance comme démontrée l'impossibilité d'expliquer le déluge biblique par l'une quelconque des théories volcanique et orogénique envisagées chacune isolément et exclusivement. En résultera-t-il nécessairement qu'une combinaison, un concours de ces causes différentes, soit entre elles, soit même avec l'action du séisme et du cyclone, soit rebelle à une telle explication ?

M. Raymond de Girard a exposé avec beaucoup de science et d'érudition l'accord de la théorie sismique avec la tradition chaldéenne du déluge. Il nous semble avoir été moins heureux dans l'extension de cette théorie à la tradition biblique du même événe-

---

(1) *Etude géologique du déluge. Les théories modernes.*

ment, et nous en avons exposé les raisons. Ce n'est pas, sans doute, que d'importantes analogies et de nombreux points de rencontre ne soient facilement discernables entre les deux traditions ; mais il y existe aussi des divergences assez graves pour qu'une assimilation complète de l'une à l'autre soit impossible.

Ne serait-ce pas que le récit cunéiforme aurait seulement conservé le souvenir d'une des phases de la catastrophe, celle qui s'adaptait le mieux aux circonstances locales du pays habité par ses auteurs, alors que le récit biblique, prenant les choses de plus haut, aurait exposé, bien que dans ses grandes lignes seulement, le tableau d'un cataclysme beaucoup plus général ?

Serait-il interdit de penser qu'un vaste continent dont les îles Maldives (1), les Laquedives, Ceylan, l'archipel asiatico-australien et l'Australasie nous représenteraient les débris, aurait pu s'effondrer sous les eaux, d'ailleurs en plusieurs fois et à diverses époques, par un ensemble de causes où les éruptions volcaniques, les séismes et les cyclones auraient eu tous une part d'action ?

Comme nous l'avons jadis rappelé (2), le célèbre géographe Elisée Reclus signale l'apparence de continents submergés qu'offre tout l'hémisphère austral jusques au delà de l'équateur dans l'hémisphère boréal. Ce ne sont, en cette partie du globe, que pointes et caps : cap Horn, cap de Bonne-Espérance, cap Sainte-Marie de Madagascar, cap Comorin, Pointe de Galles, pointe Sud de la Tasmanie. Tous

---

(1) Il est vrai que ces îles, ainsi que plusieurs autres, dans l'archipel asiatico-australien, sont de formation corallienne ; mais elles impliquent l'existence de récifs assez voisins du niveau des mers sur lesquels les colonies coralliennes se sont assises.

(2) *Rev. quest. scient.*, 20 avril 1881 : *Les théories du déluge.*

ces continents ou grandes îles s'avancent en pointes allongées vers le sud et, battus de tous côtés par l'Océan — c'est M. Elisée Reclus qui en fait la remarque — sembleraient indiquer qu'un terrible déluge, parti du sud-ouest, s'est jadis élancé sur l'hémisphère austral (1).

Le géologue allemand Credner émet, d'une manière plus affirmative, des vues analogues :

« Pour l'Arabie, dit-il, l'Inde et la partie sud-est de l'Asie, la régularité de la forme est altérée : la pointe sud s'est enfoncée pour la plus grande partie sous la mer, et elle n'est plus indiquée que par un plateau sous-marin sur lequel s'élèvent Bornéo, Java et Sumatra. Il en est de même pour l'Australie. La Nouvelle-Guinée, la Nouvelle-Calédonie, la Nouvelle-Zélande et la Tasmanie sont, avec ce continent, dans le même rapport que l'Angleterre à l'Europe, Bornéo, Java et Sumatra à l'Asie : *ce sont les derniers restes de la moitié est d'un continent enfoncé sous les eaux.* Si on le rétablit par la pensée, en prolongeant la ligne des côtes de la Nouvelle-Zélande, dans la direction nord-ouest et sud-ouest, et la côte ouest de la Tasmanie dans la direction sud-est, on est frappé de sa ressemblance avec l'Afrique actuelle (2). »

Observons d'ailleurs, avant d'aller plus loin, que tandis que l'hémisphère maritime austral prolongé jusqu'à l'Asie méridionale, présente, avec ses caps saillants et ses archipels, toutes les apparences d'un monde submergé, l'Asie antérieure, au contraire, avec ses lacs, ses mers et golfes intérieurs,

____

(1) Cf. *La terre,* par Elisée Reclus, t. I, p. 4.

(2) *Traité de géologie et de paléontologie,* par Credner, professeur à l'Université de Leipzig, traduit de l'allemand, par R. Moniez, p. 11. Il est digne de remarque que les deux lignes résultant de ces prolongements se rencontrent précisément au petit groupe des îles Mackaria qui seraient ainsi les restes de l'extrémité méridionale du continent disparu.

éveille l'idée de restes d'envahissement des eaux arrê-
tés dans les plus ou moins vastes dépressions du sol.

Assurément l'on peut, sans contester la vraisemblance de ces appréciations, reporter les phénomènes
qu'elles supposent à des époques beaucoup plus anciennes que le déluge et antérieures même à la créa-
tion de l'homme. La question serait de savoir si
cette antériorité est établie d'une manière certaine
et pour toute la vaste étendue, par exemple, que vise
M. Elisée Reclus, c'est-à-dire pour tout l'hémisphère
austral prolongé jusqu'aux côtes méridionales de
l'Asie. Mais un aussi considérable envahissement
des eaux a pu et dû s'accomplir en plusieurs fois, à
des intervalles plus ou moins éloignés ; peut-être
même sous des impulsions différentes. Or, il suffit à
notre dessein que la partie orientale de ces effondre-
ments sous les eaux se soit accomplie la dernière et
depuis l'apparition de l'homme sur la terre.

Un éminent naturaliste, membre de l'Académie
des sciences, M. Emile Blanchard, par la considération des faunes et des flores des îles de l'Australasie,
arrive à cette conclusion que la Nouvelle-Zélande et
la plupart des îles qui l'entourent sont les vestiges
d'une vaste terre engloutie à l'âge moderne du globe,
« peut-être même à une époque médiocrement reculée ». Il en voit une preuve de plus dans le peu de
profondeur des mers de cette région, tandis qu'en
dehors d'elle, les profondeurs sont toutes plus ou
moins grandes. Ces considérations ont fait l'objet,
par leur auteur, d'un mémoire présenté à l'Académie
des sciences sous ce titre : « Les preuves de l'effondrement d'un continent austral pendant l'âge moderne
de la terre (1). »

(1) Le savant naturaliste a, en outre, publié sur le même sujet,
un article important dans la *Revue des Deux-Mondes* du 15 sep-
tembre 1884 sous ce titre : *La Nouvelle-Zélande et les petites îles
adjacentes. Les preuves de l'effondrement d'un continent*, etc.

Dans un mémoire sur la distribution géographique des mollusques du genre *placostylus*, M. Hedley a montré, dit M. Paul Combes, que ce genre s'étend depuis l'île Faro de l'archipel Salomon, au nord, jusqu'à Whangaras, dans l'île du nord de la Nouvelle-Zélande, au Sud, et de Santhola dans l'archipel Fidji à l'est, jusqu'à l'île de Lord Howe à l'ouest. D'après M. Hedley, cet espace de mer recouvre un plateau qui n'est pas immergé à plus de 1300 brasses de profondeur et qu'il appelle *plateau mélanésien.* Les îles encore subsistantes seraient les vestiges d'un continent moins large et plus long que l'Australie qui se serait affaissé à une époque géologique indéterminée. Cette hypothèse expliquerait parfaitement les affinités qui paraissent rattacher les unes aux autres les faunes malacologiques terrestre et fluviatile de la Nouvelle-Calédonie et de la Nouvelle-Zélande (1).

Si l'on jette les yeux sur une carte hydrographique ou hypsométrique de l'Australasie et de l'Asie méridionale, on constate que cette zone de mers peu profondes comprend, non seulement le groupe de la Nouvelle-Zélande et des îles environnantes, mais encore la Nouvelle-Calédonie, les Nouvelles-Hébrides, les îles Salomon, tout le pourtour nord-est et nord du continent australien jusqu'aux côtes méridionales

---

(1) Cf. le *Cosmos* n° 714 (1ᵉʳ octobre 1898) : *Les continents hypothétiques* : LE CONTINENT AUSTRALIEN. — Nous citons cette hypothèse pour ce qu'elle peut valoir. Il en ressort, en tout cas, que la supposition d'un continent effondré,« à une époque indéterminée », quelque part au sud-est de l'Asie antérieure, n'a rien en soi d'invraisemblable, quelles que soient les causes qui aient déterminé cet effondrement. Qu'un tel bouleversement ait contribué à une vaste inondation du nord de l'Australie, par exemple, et de toute l'Asie méridionale, avec accompagnement de séismes et de cyclones, quoi d'inadmissible à cela ?

M. de Lapparent expose, il est vrai, dans la *Revue des questions scientifiques* (juillet 1898, p. 317 à 319), qu'il résulte de sondages récemment effectués aux îles Fidji et, auparavant, aux îles Salomon, que les attols et récifs coralliens du Pacifique seraient assis

de la Papouasie ou Nouvelle-Guinée. Une région voisine, de fonds n'excédant pas également 200 m., entoure Bornéo, Java, Sumatra, la presqu'île de Malacca, et contourne, le long des côtes, le golfe de Bengale et la mer d'Oman qui, eux-mêmes, sont teintés comme profondeurs relativement faibles. Celles-ci, dans la mer d'Oman, s'étendent jusqu'un peu au delà de l'extrémité sud de l'archipel des Maldives d'une part, et d'autre part, longent le littoral sud de l'Arabie comprenant le golfe Persique.

Ne peut-on supposer qu'aux temps noachiques qui, géologiquement parlant, appartiennent à « l'âge moderne de la terre », une partie au moins des continents submergés, dont les îles et les caps susmentionnés nous représenteraient les vestiges, existait encore à l'état de terre peuplée formant un ensemble avec les régions antéro-asiatiques ? L'effondrement de cette terre sous les eaux aurait déterminé, sous forme de raz de marée ou autrement, un ressaut proportionné des eaux sur la partie non effondrée, lequel aurait naturellement entraîné l'arche dans son mouvement. Et si l'on admet que l'impulsion soit partie du sud-est, ce mouvement devait porter l'Arche dans la direction nord-ouest, venir se briser lui-même contre les montagnes d'Arménie en y déposant le bâtiment nautique qui portait Noé et sa famille.

En acceptant cette hypothèse, il resterait à rechercher par quelles causes aurait pu se produire cet effondrement, et le rôle que, simultanément ou consécutivement à d'autres actions, auraient pu y jouer

non sur des sommets affaissés sous les eaux, comme bases, mais au contraire sur des plateaux soulevés par saccades. Mais cette vue ne paraît pas infirmer celles que nous avons émises plus haut. Ces plateaux soulevés, si soulèvement il y a, proviendraient de mouvements récents du fond des mers, lesquels n'impliquent pas nécessairement qu'ils n'aient pas été précédés d'un ou plusieurs affaissements de vaste étendue, dont ils pourraient bien n'être qu'une sorte de réaction partielle.

les phénomènes sismiques. C'est ce qui fera l'objet
des pages qui vont suivre.

IV

Essai d'une théorie plus large et d'un caractère plus général.

Imaginons une ligne idéale qui, prolongeant la
côte occidentale de la Tasmanie vers le sud jusqu'aux
îles Mackaria ou Macquarie, remonterait ensuite vers
le nord-est pour rejoindre, à travers les îles Campbel
et Auckland, le littoral sud-est de la Nouvelle-Zélande. Supposons que cette ligne, se dirigeant ensuite
de la pointe septentrionale de l' « Ile du Nord », vers
là Nouvelle-Calédonie, gagne les Nouvelles-Hébrides
et vienne aboutir à la côte septentrionale de la Nouvelle-Guinée ou Papouasie pour, de là, rejoindre la
Chine par les Philippines et Formose.

Nous avons ainsi la limite sud et orientale d'un
continent supposé dont la limite sud et occidentale
s'obtiendrait d'abord en comblant le détroit qui sé-
pare la Tasmanie de la Nouvelle-Galles du Sud et suivant ensuite les côtes méridionale, occidentale et
nord-ouest du continent australien. Notre ligne idéale
longerait encore le littoral méridional des îles de la
Sonde jusqu'à la pointe nord-ouest de Sumatra ; de
là, elle irait rejoindre Ceylan et l'extrémité sud de
l'archipel des Maldives qu'elle suivrait dans leur direction sud-nord, se continuant par les îles Laquedives,
et irait enfin, de la plus septentrionale de ces dernières, rejoindre la côte d'Oman à la pointe sud-est
de l'Arabie.

Nous admettrions qu'à une époque plus ou moins
reculée, l'espace compris dans l'intérieur de ce périmètre faisait corps avec l'Asie et que, au temps de
Noé et avant la catastrophe diluvienne, il émergeait

encore, au moins en grande partie, au-dessus de l'Océan ; et ce serait cette catastrophe qui l'aurait fait disparaître.

Le fait, en le supposant réel, pourrait sans doute se justifier de plusieurs manières. Mais il est une hypothèse explicative qui, sans se renfermer exclusivement dans un mode particulier, offrirait une combinaison des actions volcaniques et des actions séismiques (1), et qui, par suite, sans infirmer la valeur de la théorie de MM. Suess et de Girard, en ce qui concerne la basse Mésopotamie, permettrait d'attribuer au cataclysme diluvien une étendue, une amplitude en rapport avec ce qui résulte du récit biblique et des circonstances sur lesquelles nous avons insisté.

Un savant professeur de l'université de Heidelberg, K. Fuchs, divise les tremblements de terre ou séismes en deux grands groupes : *volcaniques*, c'est-à-dire déterminés par l'action souterraine des volcans en activité, et *non volcaniques* ou dépendant de causes très diverses, mais étrangères à cette action (2).

Au sujet des premiers, le savant auteur s'exprime ainsi :

« Il y a des volcans dont les cimes sont agitées continuellement pendant des jours, des semaines et des mois entiers, lors d'une éruption. Des secousses plus violentes se font sentir plus ou moins fréquemment à la base et dans le voisinage des volcans pendant les intervalles de repos ; mais elles deviennent innombrables au début et pendant la première phase de l'éruption. Des chocs qui se succèdent rapidement alternent avec des ébranlements très vifs, et, pen-

---

(1) Cf. J.-G. Van Zeebroeck : *Les sciences modernes en regard de la Genèse.* C'est dans cet ouvrage que nous avons puisé la première idée de cette hypothèse, mais sans adopter toutes les vues de l'auteur, les estimant de nature à pouvoir être simplifiées.

(2) *Les volcans et les tremblements de terre*, par K. Fuchs, 1876 ; Paris, Alcan.

dant le repos, des tremblements et des tressaillements légers semblent parcourir la surface du sol. Il est souvent arrivé que les environs de volcans rarement actifs ont été visités par des tremblements de terre pendant des années entières, avant une nouvelle éruption, et les dégâts qu'ils occasionnaient alors étaient beaucoup plus considérables que ceux de l'éruption (1). »

Nous trouverons plus loin l'application des faits constatés par le savant allemand.

Nul n'ignore que l'Océan Pacifique, entre les côtes des deux Amériques, de l'Asie et de l'ouest de l'Australie, forme, avec son prolongement antarctique, un vaste bassin, d'aspect à peu près circulaire et couvrant près de la moitié du globe ; pour ce motif, on l'appelle quelquefois l'*hémisphère aqueux* ou *marin*, distinguant ainsi cette portion du sphéroïde terrestre de la moitié opposée où dominent les continents et terres émergées et appelée pour cette raison *hémisphère continental*.

On sait également que cet immense bassin est bordé, dans la très majeure part de son pourtour, par une véritable ceinture de volcans dont la plupart sont encore en activité. Des côtes du Chili et de l'île de Chiloé, cette ceinture volcanique se dirige par la chaîne des Andes, l'Amérique centrale, le littoral ouest de l'Amérique du Nord, vers la pointe de l'Alaska, et suit toute la rangée des îles Aléoutiennes. Du nord-est de la presqu'île du Kamtschatka, voisine, elle redescend ensuite vers le sud en longeant la côte orientale de la péninsule et continuant à travers les Kouriles, les îles du Japon, Formose, les Philippines, Célèbes, les Moluques, la Nouvelle-Guinée, les Nouvelles-Hébrides. Là elle jette une bran-

(1) *Loc. cit.*, p. 145.

che dans la direction de l'est sur les îles Tonga, Samoa, Tahiti, et Marquises, mais continue en même temps le pourtour du grand bassin par l'Ile Nord de la Nouvelle-Zélande, et par les petites îles Auckland, Campbell, Mackaria, Emeraude et Balleny. Cette dernière, située dans le cercle antarctique proche de la partie du continent polaire appelée Terre Victoria, est relativement voisine des volcans Erebus et Terror dont le premier, par 78°30' de latitude australe, est encore en activité.

Mais à cette vaste enceinte ne se borne pas le système volcanique auquel elle appartient. Sans parler des deux groupes des îles Sandwich et Mariannes isolés au milieu du Grand Océan le long du 20e parallèle nord — si nous reprenons, en le parcourant de l'est à l'ouest, entre le 10e et le 20e parallèles sud, l'embranchement Marquises, Tahiti, Samoa, Tonga, Nouvelles-Hébrides, aboutissant à la Nouvelle-Guinée (Papouasie), nous voyons que cette rangée se continue vers l'ouest. Lui font suite, dans cette direction, les volcans des Moluques des îles Tenimber, Timor, Soumbava, Lombock, Java, puis, tournant vers le nord-ouest, ceux de Sumatra, des îles Nicobar et Andaman qui forment une courbe venant aboutir au cap Négraïs en Birmanie, à l'ouest du delta de l'Irraouaddi.

Beaucoup plus à l'ouest, sur les côtes d'Afrique et sur celle de l'Arabie, en Turkestan, au sud de la mer Caspienne et le long de la chaîne du Caucase, en Asie Mineure comme dans la moitié orientale de la Méditerranée, on retrouve un grand nombre de volcans soit actifs, soit éteints.

Nous laissons de côté ceux de l'intérieur des terres qui ne paraissent pas avoir grande importance au point de vue qui nous occupe, et nous mentionnerons pour mémoire ceux des Açores et des Canaries, des îles du Cap-Vert et des Petites-Antilles, celles-ci sur un même parallèle, ou à peu près, avec les volcans du Mexique et les îles Sandwich et Mariannes, formant ainsi une ligne transversale à la grande ceinture du Pacifique.

Mais il faut se donner garde de négliger les entre-croisements de lignes volcaniques dont les archipels d'entre Asie et Australie sont le siège ; c'est un véritable carrefour ; et qui sait si ce carrefour éruptif n'a pas été en corrélation, d'une part avec la ligne transversale des Mariannes, Sandwich, Mexique et Antilles, d'autre part, avec l'embranchement à peu près parallèle : Nouvelles-Hébrides, Tonga, Samoa, Tahiti et Marquises, situé sensiblement à la même distance de l'équateur ?

Notons aussi que la portion occidentale et sud-occidentale de la grande ceinture volcanique corres-pond, dans la plus grande partie de son parcours, au périmètre oriental de notre continent supposé ; de même, la courbe d'îles volcaniques allant de la Nouvelle-Guinée à la Birmanie, serait également voisine d'une part importante de son périmètre occidental.

Est-il interdit de penser que, pendant une longue suite de siècles, antérieure même à l'apparition de l'homme, les éruptions de ces volcans, par les séries de tremblements de terre qu'elles auraient déterminés sur toute l'étendue de leurs parcours, et princi-palement au carrefour éruptif dont nous venons de parler, auraient peu à peu miné le sol avoisinant sur des surfaces assez vastes (1) ? Ainsi ébranlé à une profondeur plus ou moins grande, le terrain, lorsque vinrent s'y fixer les descendants d'Adam (soit

(1) Cf. K. Fuchs, *loc. cit.*

Sethites, soit Caïnites, soit lignées des « fils et des filles, *filios et filias* », qu'engendrèrent Adam et ses successeurs, *Gen.*, chap. v.) pouvait encore supporter les habitations et établissements de l'homme ; mais il était à la merci de secousses suffisamment violentes qui surgiraient à un moment donné.

Supposons qu'à ce moment donné il se soit produit une éruption d'une violence extraordinaire dans les volcans voisins du pôle antarctique. On sait avec quelle extrême rapidité se transmettent de proche en proche les commotions souterraines et à plus forte raison marines.

On n'a pas oublié que, le 27 août 1883, lors de la célèbre éruption du Krakatoa, le raz de marée auquel elle avait donné naissance au détroit de la Sonde, vers 7 ou 8 heures du matin, arrivait, vers 2 ou 3 heures de l'après-midi du même jour, aux îles Maurice et de la Réunion, ayant franchi 1400 lieues (1). Voici, au sujet du même événement une relation plus significative encore.

« Au moment où le volcan disloqué lança son dernier jet de lave et s'anéantit dans les flots, le fond du détroit de la Sonde s'est soulevé ; une vague gigantesque s'est abattue sur les îles voisines, ravageant tout sur son passage et étouffant sous sa masse énorme plus de quarante mille victimes ; la province entière de Batam a été submergée par ce nouveau déluge, et la ville d'Anjer n'existe plus... Le jour de la catastrophe, vers sept heures, une pluie de cendre s'est abattue sur la ville. A midi l'obscurité était complète ; le baromètre oscillait d'une façon étrange, et la mer subissait coup sur coup le flux et le reflux de puissantes marées. C'était la vague dont nous parlions tantôt qui s'éloignait des ruines qu'elle avait.

____

(1) Cf. *La théorie sism. du déluge*, p. 160-161.

faites, pour aller mourir sur les rivages les plus
lointains, inscrivant l'heure de son passage en
oscillations anormales *sur tous les marégraphes du
globe*. En comparant l'heure à laquelle ces oscillations se sont manifestées à Ceylan, à Maurice, aux
Seychelles, sur les côtes de l'Inde, etc., à l'heure de
l'explosion du Krakatoa, on trouve que ces oscillations ont marché avec la vitesse prodigieuse de
500 mètres par seconde (1). »

Revenons à notre supposition d'une éruption au
voisinage du pôle sud.

Partie de la terre Victoria, la commotion devait se
faire sentir, d'une part le long de la ligne volcanique
enceignant la rive occidentale du Pacifique ; et, ren-
contrant des terrains ébranlés, minés, de nouveau
secoués par une traînée d'éruptions faisant suite à
celle du pôle sud, le puissant mascaret océanique les
engloutissait à l'exception des sommets et des plateaux les plus élevés. D'autre part, brisée, partagée
en deux au cap dont les îles Mackaria nous représenteraient l'emplacement, cette barre gigantesque aurait, en même temps, contourné les côtes occidentales de l'Australie, dont elle aurait peut-être submergé temporairement une partie, pour venir atta-
quer le périmètre englobant la Sonde, Nicobar, Ceylan, les Maldives, etc.

(1) R. P. Thirion : *Les illuminations crépusculaires*, in *Rev.
quest. scient.*, 1re série, t. XV, avril 1881, p. 461. Il n'est pas hors
de propos de signaler, à cette occasion, que l'éruption finale du
27 août, à la suite de laquelle la moitié de l'île de Krakatoa ou
Krakatau s'effondra dans la mer, avait été précédée de nombreuses manifestations volcaniques antérieures. Après une période de
plusieurs années de repos, ce fut le 20 mai 1883 que se firent sentir les premières convulsions du volcan. « Ce jour-là, dit le
P. Thirion (*loc. cit.*), on ressentit à Batavia et à Buitenzorg, des
secousses accompagnées de sourdes explosions souterraines. Quelques jours plus tard on apprenait que l'île de Krakatau, distante
de 100 milles, était le théâtre d'une violente éruption volcanique...
Il semble bien prouvé aujourd'hui que l'éruption se continua pendant les mois de juin et de juillet ; mais elle n'atteignit son pa-
roxysme qu'à la fin d'août. »

Que le tout, ou partie seulement, des volcans situés sur le double parcours de la barre géante soient entrés en même temps en éruption, les séismes par eux provoqués s'ajoutant à l'ébranlement général, il y en avait bien assez pour provoquer la submersion de terres déjà profondément minées.

On comprend aussi que, du fait même de cette submersion, soit résulté un déplacement d'eau considérable, et en rapport avec le volume des terres qui le causait, et que, sous la poussée de l'énorme lame partie du pôle sud, dont la direction générale était sud-est nord-ouest, ce déplacement se soit effectué dans la même direction, les eaux recouvrant temporairement à une grande hauteur une part importante des terrains non effondrés et représentant la région méridionale de l'Asie actuelle.

Rien d'impossible d'ailleurs à ce que le séisme invoqué par MM. Suess et de Girard ait rempli, dans l'ensemble et avec accompagnement de cyclone, un rôle plus spécial à la Mésopotamie ; il aurait ainsi constitué un épisode, un cas particulier de la catastrophe générale. Si l'action volcanique a, dans l'hypothèse, une part importante, celle des tremblements de terre n'est pas moindre, et l'on ne voit vraiment pas pourquoi le séisme qui se serait fait plus particulièrement sentir dans la région arabico-éranienne, n'aurait pas pu trouver sa cause déterminante dans les éruptions des régions volcaniques avoisinantes ou relativement voisines. En eût-il été indépendant, que son action isolée n'infirmerait point la leur.

Le seul désaccord, d'ailleurs secondaire, avec la théorie exclusivement sismique, se rencontre à propos du lieu où l'Arche aurait abordé. Il semble qu'un ressaut de masses océaniques provoqué par l'effondrement sous les eaux d'une région aussi vaste que celle du continent que nous supposons et représentant un volume de déplacement aussi considérable, devait s'élever à plus de 300 mètres (altitude des monts Nizir) au-dessus des terres non englouties. Il devait trouver d'ailleurs une barrière infranchissable, à l'est et au nord dans la muraille des chaînes montagneuses de l'Himalaya, du Karakorum et de l'Hindou-Kousch, au nord-est dans les montagnes de l'Arménie, peut-être du Caucase, mais non en deçà de la région.

La durée de la présence des eaux sur les territoires destinés à être inondés, réduite à six ou sept jours dans le récit chaldéen, en comptait en réalité 190 avant tout commencement d'écoulement, et allait jusqu'à près d'une année avant toute possibilité de débarquement. Inadmissible dans la théorie exclusivement sismique, cette durée n'est pas invraisemblable dans l'hypothèse du refoulement des eaux sur les terres par contre-coup de l'immersion d'un immense volume de continent.

S'il n'a pas été fait allusion précédemment aux pluies qui, dans le récit biblique, jouent un rôle très apparent dans la catastrophe, c'est que de violentes précipitations aqueuses peuvent être considérées comme une conséquence naturelle de l'énorme perturbation subie par les masses océaniques, lesquelles devaient saturer l'atmosphère par évaporation, ainsi que de la chute des trombes d'eau accompagnant les secousses sismiques et les cyclones.

Quant à la direction sud-est nord-ouest du flottement de l'Arche, elle résulte de la marche générale du fléau, tout aussi bien que de celle du séisme indo-arabique sur lequel s'appuie la théorie suessienne. De plus, à une aussi grande distance du point de

départ de la commotion initiale, le mouvement des
eaux devait avoir perdu une part sensible de sa violence; car, l'impulsion générale étant donnée, le
mouvement ascensionnel des eaux marines ne requé-
rait plus de fortes secousses. Et il était nécessaire
qu'il en fût ainsi pour l'accomplissement des des-
seins de Dieu sur Noé et sur sa descendance ; l'Arche, en effet, une fois construite et peuplée, devait
être soulevée par les eaux de dessus terre, sans
heurts ni cahots de nature à en compromettre la soli-
dité, et *flotter* — non pas *naviguer* — au gré des
ondes qui devaient la porter sans bouleversements,
sans secousses, et la déposer de même au lieu de son
atterrissement d'où, après un retrait suffisant des
eaux, le débarquement général pût s'opérer sans difficulté.

En traçant l'*essai* qui précède, nous n'avons pas
eu la prétention, qui eût été fort déplacée, de sup-
planter la théorie, à plus d'un égard remarquable, si
bien exposée, dans de nombreux écrits, par un savant et un érudit aussi distingué que M. Raymond
de Girard. Considérant seulement cette théorie
comme laissant des lacunes au regard du texte de la
Genèse beaucoup plus probant à nos yeux que le
poème chaldéen, nous avons voulu rechercher s'il
ne serait pas possible de combler ces lacunes en supposant une catastrophe plus générale dont l'inondation mésopotamienne de Gilgamès serait un épisode
particulier, ou, si l'on préfère, une réduction accom-
modée aux dimensions et aux conditions locales du
pays des narrateurs, comme il existait après la cessa-
tion du fléau.

Nous n'ignorons pas que cette catastrophe générale, telle du moins que nous l'avons supposée, n'est

pas sans soulever plus d'une objection. A la suite
d'un premier exposé que nous en avions donné naguère (1), diverses observations nous ont été présen-
tées qu'il nous paraît intéressant de relater ici. La principale consiste à dire que si l'effondrement d'un vaste
continent peut et doit tout d'abord produire une sorte
de remous de bas en haut capable de recouvrir les
terres voisines non effondrées, ce débordement ne
saurait être de longue durée, les eaux se hâtant, par
l'effet de la pesanteur, de redescendre dans l'espace
laissé libre par le continent disparu : quelques jours
seulement auraient suffi pour cela. On ajoute que
d'ailleurs, en ce cas, l'ascension des eaux sur les
terres n'aurait guère pu se réaliser avec la tranquil-
lité relative que suppose le flottement de l'Arche sur
la vague montante.

D'autres font remarquer qu'un soulèvement oro-
graphique qui refoule les eaux fournirait une explication plus plausible qu'un affaissement qui les appelle : à quoi l'on peut répliquer que si un soulèvement explique le refoulement des eaux dans le bassin de la Mésopotamie, il n'explique pas l'immersion
d'une part notable du genre humain sans qu'un tel
cataclysme ait laissé de trace apparente.

Il a été observé aussi, et là est peut-être la solution de ce difficile problème, que pour expliquer le
calme relatif ainsi que la durée de la montée et du
retrait des eaux diluviennes, il faudrait admettre,
antécédemment ou concurremment à l'affaissement
du continent océanien, un affaissement *temporaire*
de l'Asie antérieure résultant de mouvements orogé-
niques concomitants.

(1) *Revue Thomiste* de novembre 1898. *La localisation du déluge.*

Aussi bien, la forme, les dimensions, l'emplacement même du continent supposé disparu peuvent assurément être plus ou moins profondément modifiés. Nous avons cherché, dans les pages qui précèdent, moins à proposer une vue nouvelle qu'à en indiquer la simple possibilité en esquissant une théorie probablement insuffisante ou incomplète, mais pouvant mettre sur la voie de quelque système plus satisfaisant. C'est aux savants autorisés, aux hommes compétents, de diriger dans ce sens de nouvelles recherches, des investigations plus approfondies.

V

Répartition générale des principales races humaines.

Etant admis, en principe, que le déluge de Noé a pu n'être pas ethniquement universel, quel que soit le mode suivant lequel le cataclysme, en tout cas d'une très vaste étendue, s'est accompli, il reste à examiner quelles ont pu être les races ou groupes ethniques qui y auraient échappé.

Pour cela, il ne sera pas inutile de jeter, au préalable, un coup d'œil sur la répartition tant actuelle que surtout primitive, des grandes races ou groupes de races répandus sur la surface du globe, et d'entrer à leur sujet dans des développements qui n'ont été qu'indiqués dans le tome premier de cet opuscule.

On sait que ces groupes se répartissent en trois ou quatre grandes divisions, classées sinon d'après le caractère anthropologique le plus essentiel, du moins par le plus immédiatement apparent et le plus général, à savoir la couleur de la peau.

Il y a d'abord le groupe des races blanches, que l'on peut considérer, à bon droit, comme supérieur. Parti de la région de l'Iran ou Eran, c'est-à-dire des hauts plateaux de la Perse, le type blanc s'est d'abord établi dans l'Inde, l'Arabie, la Syrie, l'Asie-Mineure, l'Europe. De notre temps, il s'est répandu dans toute l'Amérique, se retrouve en Afrique et se propage de plus en plus dans le continent et les archipels de l'Australasie.

Le type jaune ou mongol occupe toutes les contrées habitées par les populations mongoliennes et tartares, l'empire Chinois, une partie des deux presqu'îles hindoues et la Malaisie.

L'Amérique, peuplée par une multitude de types ethniques différents qui, croisés, entre-croisés de mille manières, rendent difficile une classification des races qui s'y sont rencontrées et qui s'y rencontrent aujourd'hui, aurait vu naître, au moins dans son continent septentrional, le type rouge-cuivré. Mais pourchassé, refoulé par les races blanches avec lesquelles il refuse de se mêler, il tend graduellement à disparaître. Encore n'est-on nullement certain qu'il représente un type primitif, original, et qu'il ne provienne pas de croisements, sous certaines conditions de climat ou autres, entre les deux précédents.

Enfin le type noir ou nègre, réparti principalement entre le continent africain, la Mélanésie et les contrées du Sud-est asiatique. Il aurait eu, suivant certains ethnographes, son centre de formation près de la contrée connue aujourd'hui sous le nom de Béloutchistan, l'Ethiopie asiatique des Anciens, d'où il se serait répandu par un double courant de migration, d'une part dans les immenses espaces de l'Afrique, de l'autre dans l'Inde méridionale et les régions asiatico-australienne et océanienne (1).

Du mélange de ces types fondamentaux il s'en est formé de secondaires dont plusieurs accusent des caractères spécifiques assez tranchés. Ainsi le type ongro-finnais ou altaïque comprenant le japonais, et le type boréal, tous deux intermédiaires à des degrés divers entre le blanc et le jaune, sans préjudice d'ailleurs d'autres mélanges. Le second de ces deux groupes comprend les populations répandues autour du cercle polaire ; le premier, celles qu'un habitat plus méridional et des idiomes différents paraissent en séparer plus qu'une divergence d'origine. Les races comprises dans ces deux groupes sont désignées souvent sous la dénomination des Blancs allophylles. Ainsi encore le type représenté par les Proto-Mèdes, les anciens Elamites, le peuple d'Accad et de Schoumer, les anciens Saces, aujourd'hui les Turcs. A propos de ces derniers, observons en passant que par suite d'incessants métissages résultant de leurs unions avec des femmes européennes et caucasiennes, ils ont fini par devenir un peuple de race formellement blanche, tout en gardant la langue de leurs ancêtres du type Sace (2). Naguère on désignait volontiers sous le nom de *Touraniens*, les races turco-tartares. Les peuples de l'Asie antérieure qui, avant les représentants des races blanches, avaient occupé l'Inde cisgangétique, la région des monts Paropanisiens, la Bactriane, la Suziane, puis ultérieurement et concurremment avec des tribus kouschites, la Chaldéo-Babylonie, ont été souvent englobés dans cette appellation (3).

(1) Cf. *Introduction à l'étude des races humaines*, par A. de Quatrefages, chap. xv.
(2) Cf. François Lenormant, *Hist. anc. de l'Orient*, 9ᵉ édit. t. I, p. 302-303.
(3) « Du mot *Touran* qui désigne les contrées de l'Asie centrale

Citons enfin le type égypto-berbère qui paraît bien provenir de croisement avec la race noire des blancs de souche chamitique. La colonie kouschite qui, dès cinquante siècles peut-être avant notre ère, a passé l'isthme de Suez pour venir apporter sa civilisation en Afrique et plus tard fonder le premier empire égyptien, cette colonie a mêlé son sang à celui des peuplades nègres qu'elle trouva établies dans la vallée du Nil ou qui s'y établirent en même temps.

C'est un fait d'une importance considérable que la Bible passe absolument sous silence non seulement la race jaune et la rouge que ne connaissaient ni les Hébreux ni l'auteur ou les auteurs du Pentateuque, mais encore la race noire avec laquelle Moïse et les Juifs avaient été en perpétuel contact pendant leur séjour en Egypte, et également les peuples compris ci-dessus sous l'appellation de Touraniens et dont le berceau ou au moins le siège principal était limitrophe de la Mésopotamie.

On a prétendu que ce silence de l'auteur de la Genèse ne prouve rien et qu'il peut s'expliquer autrement de manière très plausible. Peut-être tient-il tout simplement à ce que Moïse « ne savait auquel des fils de Noé rapporter l'origine de ces peuples. » Et l'on ajoute : « Toute la difficulté tombe devant cette solution qui est sans réplique (1). »

situées au-delà de l'Oxus, on a fait le terme *Touraniens*, dont on se sert parfois pour désigner les races turques ou turco-tartares d'une façon générale. Beaucoup d'auteurs, surtout les linguistes, ont étendu le sens de cette appellation, en y englobant tantôt des races finnoises et finno-ongriennes, tantôt des peuples de la famille ouralo-altaïque. De sorte qu'aujourd'hui ce terme, qui serait excellent pour désigner sans faire de confusion les races turques en général, est devenu tellement vague qu'on a presque renoncé à s'en servir. » (*Dictionnaire de géographie* de Vivien de Saint-Martin, au mot *Touran*). Sous le bénéfice de la réserve contenue dans les indications qui précèdent, nous emploierons quelquefois l'appellation de *Touraniens* pour la commodité du discours.

(1) R. P. Brucker, *Questions actuelles d'Ecriture Sainte*, p. 315.

Eh bien **non**, elle n'est pas sans réplique. Nous le verrons tout à l'heure.

On ajoute qu'il serait absurde de supposer que Moïse eût eu l'intention de donner la série complète des peuples issus de Noé (1). — Absurde? Et pourquoi cela? — Parce que « c'eût été une tâche bien difficile, même pour un ethnographe de profession, même à quelques siècles du déluge » —? En quoi plus difficile pour ce qu'il n'aurait pas donné que pour ce qu'il a donné? D'ailleurs, qu'il ait laissé de côté quelques rameaux accessoires de l'arbre généalogique des peuples issus de Noé, s'ensuit-il que tous les peuples laissés en dehors fassent nécessairement partie de cette descendance?

L'Écrivain sacré aurait-il voulu dessiner simplement quelques ramifications principales « embrassant seulement les peuples dont les noms offraient le plus d'intérêt aux Israélites »? S'il en eût été ainsi, il est probable que l'auteur inspiré l'eût fait connaître et surtout qu'il ne fût pas entré dans les détails minutieux auxquels il semble se complaire.

Le chapitre x de la Genèse, contient, en effet, un tableau ethnographique d'une remarquable et étonnante précision, laquelle rend bien peu vraisemblable la supposition que l'historien guidé par l'inspiration divine eût passé sous silence des peuples noachides pour l'unique raison qu'il n'aurait su auquel des fils de Noé rapporter leur origine.

Si l'on considère les noms propres formant les généalogies développées dans ce très important chapitre, non comme des noms de personnes individuelles, mais comme désignant des groupes et des tribus, ce qui n'a rien que de conforme aux usages de la langue des Israélites et ce qui semble résulter

(1) *Ibid.*

d'ailleurs des désinences et des terminaisons de ces dénominations, on a un résumé ethnologique d'une extrême clarté et que confirment remarquablement les faits nouveaux, les résultats acquis par les innombrables découvertes que la philologie et l'ethnographie ont réalisées de nos jours. Or ce tableau si précis, si clair, si lumineux, est systématiquement, donc volontairement, incomplet.

Il ne s'occupe que des familles ethniques issues de Sem, de Cham et de Japhet, et qui constituent la race blanche dans ses diverses variétés.

La famille de Sem, représentée principalement de nos jours par les Arabes et les Juifs, est, dit Lenormant, notoirement une au double point de vue physique et philologique, et présente un type de la race blanche plus pur et plus beau que celui des populations chamitiques (1).

Ses représentants dans l'antiquité sont les suivants :

1° Sous la désignation d'*Elam*, la portion aristocratique et relativement peu nombreuse des populations de la Susiane, laquelle était probablement la race conquérante dominant sur un fond mélangé de sang chamitique.

2° *Assur*, tige du peuple assyrien, dont la civilisation s'affirme par l'érection de Ninive et des villes voisines, mais apparaît comme fort postérieure à celle dont elle semble d'ailleurs issue, des Chaldéo-Babyloniens ; ceux-ci descendent en partie de Cham par Nemrod et Chus ou Kousch, avec mélange de l'élément dit touranien auquel s'est allié le sang kouschite.

3° *Arphaxad*, dont la lignée se partage, après *Héber*, en deux rameaux : les Jectanides, postérité

(1) *Loc. cit.*, p. 291.

de Jectan occupant le centre et le sud-ouest de la péninsule arabique, et les Tharéites, descendants de Phaleg, frère de Jectan ; ils ont pris leur nom de *Tharé*, son arrière-petit-fils, père d'Abraham, de Nachor et de Haram. Loth, fils de ce dernier, est la souche des Moabites et des Ammonites, tandis que les douze fils de Nachor se perpétuent en des peuplades mêlées aux Araméens sur le plateau de Damas.

4° *Loud*, dont les enfants peuplent le pays de Louten ou Routen qui n'est autre que la Syrie septentrionale.

5° Enfin *Aram*, père des Araméens de la Syrie méridionale qui finiront par absorber les habitants de Routen, les Routennou.

Si les descendants de Cham occupent le troisième rang dans la grande famille noachide, si leur type affecte des caractères qui le placent, comme pureté et beauté, au-dessous du type sémitique, ils n'en sont pas moins les premiers à marcher dans la voie de la civilisation matérielle. Mais leurs tendances sont généralement dépravées. Les peuples de cette souche sont tous, si l'on en excepte les Egyptiens, de mœurs profondément corrompues ; leurs symboles religieux sont d'une obscénité révoltante. Au contact des deux autres races, les empires fondés par les Chamites furent à la longue tous vaincus par elles et virent leur état social, jusque-là marqué à l'empreinte d'un matérialisme absolu, remplacé par une civilisation plus relevée quoique moins industrielle, une morale moins impure, un paganisme moins grossier.

Les quatre fils de Cham : Chus ou *Kousch*, Mesraïm ou *Misraïm*, Phut ou *Pount* et Chanaan, correspondent à quatre groupes ethniques principaux :

1º Les Kouschites, qui comprennent les anciens Ethiopiens et tout un ensemble de peuples échelonnés sur le littoral tant africain qu'asiatique de la classique mer Erythrée, aujourd'hui golfe ou mer d'Oman, jusque et par delà l'embouchure de l'Indus, plus encore quelques groupes de population dans le bassin mésopotamien et dans la Susiane.

2º Les Egyptiens (*Mesraïm* ou *Misraïm* dans la Bible) avec leurs subdivisions ethniques comprenant les Lybiens (égypt. *Lebou*, Bible *Lahabim*), les Philistins et les Caphtorites ou Crétois.

3º Les populations des deux rives du golfe d'Aden, appelées Pount par les Egyptiens, les Somalis d'aujourd'hui, et celles qui se sont répandues, sous le nom de Lybiens et de Berbères, dans toute l'Afrique septentrionale et jusqu'aux Canaries, et ont été modifiées par une antique infusion de sang arya.

4º Les Chananéens, comprenant les Phéniciens et les habitants de la Palestine d'avant l'invasion israélite, tels que les Hétéens, Hittites ou Khétas, les Jébuséens, les Amorrhéens, et les Samaréens, etc.

Japhet est le chef de celle des trois grandes familles issues de Noé qui a pris, et de beaucoup, sur le globe le développement le plus considérable. Japhet est, d'après la Bible, le père de sept races désignées par les noms de ses sept fils, savoir :

Gomer, tige des Cimmériens ou Thraces et Phrygiens établis autour du Pont-Euxin et répandus sur une grande partie de l'Asie-Mineure, en Arménie ou Phrygie septentrionale, en Paphlagonie, en Arménie occidentale.

Magog, souche des peuples qui ont occupé exclusivement, jusqu'à l'invasion des Scythes au VIᵉ siècle avant Jésus-Christ, le territoire compris entre le pied méridional du Caucase et la rive occidentale de la mer Caspienne.

Madaï, auteur des Médo-Perses ou Mèdes éraniens.

Javan, père des Javoniens ou Ioniens, des Hellènes, des Eoliens (Elisa), des Tursanes ou Pélasges Tyrrhéniens, des Cypriotes (Citthim ou Cithion) et des Rhodiens (**Rodanim** des Septante, Dodanim de la Vulgate.

Thoubal et *Mosoch,* dont les descendants connus sous les noms de Tibaréniens et de Moschiens, devinrent, mêlés et fusionnés avec un fond touranien antérieur, deux peuples célèbres par leur métallurgie ; au temps de leur puissance, ils occupèrent la Cappadoce jusqu'au bassin du haut Euphrate.

Enfin *Thiras* qui alla peupler le massif du Taurus et la Cilicie.

Tous ces peuples appartiennent à la plus élevée et à la plus importante des trois grandes familles de la race blanche, à la famille *arya* ou aryane, appelée encore *indo-européenne* et représentée en Europe par les Grecs, les Romains, Germains, Celtes, Slaves et Scandinaves, — en Asie par les Perses, les Mèdes éraniens, les habitants de la Bactriane et de la Sogdiane, et les castes supérieures de l'Inde. Concentrée d'abord, comme nous l'avons vu (1), dans le bassin supérieur de l'Oxus (auj. Amou-Daria) et de l'Iaxarte (Sir-Daria), au nord des monts Paropamisiens et Hindou-Kousch et à l'ouest de la chaîne du Bolor-Tagh ou Imaüs, — la fraction orientale de la race arya se divisa ensuite en deux rameaux : l'un, marchant vers le sud, pénétra dans l'Inde, soumettant les populations thibétaines et dravidiennes qui l'occupaient avant lui ; l'autre, se dirigeant au sud-ouest,

(1) Tome 1ᵉʳ, p. 15.

alla se fixer dans les montagnes de la Médie et de la Perse.

Mais de cette fraction orientale, sauf en ce qui concerne Madaï, souche de l'aristocratie mède, la Genèse ne parle point. Elle ne s'occupe guère que de la branche occidentale (1) ; et encore ne mentionne-t-elle que les peuples qui étaient connus ou pourraient être connus par les Hébreux du temps de Moïse (2).

VI

Races non noachides. Accadiens. Amalécites. Caïnites.

De tout ce qui précède, il résulte que les tableaux ethnographiques de la Genèse ne mentionnent que des peuples issus des trois fils de Noé, et que, de plus, quand ils s'occupent de la plus importante des trois races, ils n'énumèrent qu'une partie seulement des nations qui en sont sorties. Cette omission s'explique très naturellement de la manière suivante : les races issues de Japhet qui sont passées sous silence, n'avaient aucun point de contact avec les Hébreux pour qui la Genèse était écrite, l'existence même de ces peuples était ignorée d'eux. On comprend de la même manière et à plus forte raison le silence pareillement gardé sur les peuples du type jaune et du type brun-rouge ou cuivré.

Mais ces motifs n'ont aucune valeur en ce qui concerne d'autres races qui étaient ou qui avaient été constamment en contact avec les Israélites ou leurs

______

(1) L'orientation est ici relative à la Mésopotamie, point de départ d'où rayonne toute l'ethnographie du chapitre x de la Genèse. Ce qu'on désigne ici comme « branche *occidentale* », n'est donc occidental que par rapport aux plaines mésopotamiennes.

(2) Pour plus de développements sur toutes les données ethnologiques qui précèdent, voir l'*Histoire ancienne de l'Orient*, de Fr. Lenormant, 9ᵉ édition, t. I.

ancêtres. L'auteur inspiré semble ne pas voir les peuples qui habitaient le versant oriental des montagnes situées à l'est du Tigre. Il y avait cependant, dans la partie méridionale de cette chaîne, un foyer de civilisation déjà ancien ; l'écrivain n'y fait même pas allusion, se bornant à y placer l'un des fils de Sem, Elam, qui représente une aristocratie peu nombreuse, superposée, sans s'y mêler, au peuple conquis dont elle a adopté la langue et les mœurs. Au nord de la chaîne, un autre peuple de même race entretenait avec Babylone un commerce actif et suivi et ne pouvait pas n'être pas connu des Tharéites, pères des Hébreux : l'ethnographie biblique ne les nomme point, bien qu'elle signale les Mèdes aryas qui habitaient beaucoup plus loin au nord-est, à Ragæ, non loin du littoral sud de la mer Caspienne.

On peut relever bien d'autres omissions encore.

Par exemple, il n'est fait mention, parmi les populations chaldéo-babyloniennes, que de l'élément kouschite : de l'antique peuple d'Accad et de Schoumer, premier auteur de la civilisation locale, il n'est nullement question. De même en Palestine : alors que les tribus chananéennes de ce pays, de même au surplus que les peuples de la péninsule arabique, sont, au chapitre x de la Genèse, l'objet de minutieux détails, les tribus qui occupaient la première de ces deux contrées avant l'invasion des descendants de Cham n'y sont pas désignées, même indirectement. A cela, il a été déjà fait allusion à notre tome Ier, p. 16 et 17 ; nous aurons toutefois à y revenir.

Plus extraordinaire encore est l'omission d'Amalek, c'est-à-dire des Amalécites. C'était pourtant un grand peuple. On le voit figurer, au chapitre xiv, ꙮ. 7, parmi les vainqueurs de la Pentapole, vaincus eux-mêmes, peu de temps après, par les troupes d'Abraham (1). Par la suite, viendra se fondre dans ses rangs une petite tribu du même nom, née d'un descendant d'Esaü (2). Ce peuple est considéré comme d'une haute antiquité par la Bible elle-même : au chapitre xxiv des Nombres, ℣. 20, elle le qualifie d' « Origine des nations », *rêschit gôyim* (3). Pendant leur séjour au désert et les premiers temps de leur occupation de la Palestine, les Hébreux eurent souvent à se heurter contre lui jusqu'à sa défaite définitive par Saül.

Le peuple d'Amalek tient une grande place dans les plus vieilles traditions arabes ; il y est représenté comme ayant pris une extension considérable dans la péninsule arabique. Il doit comprendre les populations qui ont précédé, dans cette vaste presqu'île, les immigrations kouschites et sémitiques (Arabes jectanides), et se rattacher, comme race, à ces populations réputées de géants qui occupaient la Palestine avant l'invasion chananéenne.

L'omission de ces premiers habitants de la Palestine et de l'Arabie, dans le tableau d'ethnographie générale du chapitre x de la Genèse, n'est assurément pas le résultat d'un oubli ou d'une distraction. L'auteur d'un tableau aussi exact et aussi précis, même s'il n'eût pas eu le concours de l'inspiration divine, n'aurait pu commettre par erreur une pareille omission.

Nous ne reviendrons pas sur ce que nous avons dit précédemment concernant la race noire (à laquelle

---

(1) ... Venerunt ad fontem Masphat et percusserunt *omnem regionem Amalecitarum*, c'est-à-dire le district situé immédiatement au-dessous de la Palestine que les Amalécites n'occupèrent que plus tard. (L.-Cl. Fillion, *La Bible commentée*).

(2) Eliphas, fils d'Esaü, avait encore une femme de second rang qui lui enfanta Amalek. *Gen.*, xxxvi, 12.

(3) Cf. Fr. Lenormant, *Les Origines de l'Histoire*, 2ᵐᵉ édition, p. 326.

l'écrivain sacré ne fait, nulle part, aucune allusion), si ce n'est pour faire remarquer que les Egyptiens employaient en grand nombre les nègres comme esclaves concurremment avec les Hébreux, et que Moïse, homme d'une haute culture intellectuelle, initié à toutes les connaissances des prêtres égyptiens, ne pouvait ignorer leur ethnographie. Sous des noms différents celle-ci comprenait d'ailleurs les trois mêmes grandes divisions que celle des Israélites, *avec la race noire en plus.*

Le silence gardé sur cette dernière n'est donc pas moins voulu que celui qui laisse de côté les peuples de race dite touranienne et ceux qui occupaient la Syrie et l'Arabie avant les immigrations des Noachides.

Il resterait maintenant, pour achever la désignation des races humaines ou de leurs débris ayant survécu au déluge, à exposer, avec plus de développements que nous n'avons pu le faire dans notre premier volume, le tableau des peuplades ou des chefs ou personnalités représentés dans les Livres sacrés, suivant une interprétation tout au moins plausible, comme issus de la race de Caïn.

Auparavant, mentionnons quelques-unes des explications différentes, tentées pour donner à ces peuplades ou personnalités une origine postdiluvienne.

On lit dans le *Dictionnaire de la Bible*, t. I, à l'article *Balaam*, signé E. PALIS, § 3 :

« Balaam porte ensuite les yeux du côté des *Cinéens*... Quels étaient ces Cinéens ? Il est impossible de rien préciser, faute de données suffisantes, sur les peuples qui portent ce nom dans la Bible ; mais on peut penser qu'ils étaient de même race que ceux dont Balaam voyait en ce moment le « nid » (*qên*, allusion à *qêni*, Cinéen). Le nom de la ville

d'Accaïn (hébreu : *Haqqaïn*), Jos., xv, 57, au sud-
est d'Hébron (Cf. Jud., I, 16), identifiée par les explorateurs avec le village moderne de Youkin ou
Yakin, rappelle le nom des Cinéens, et, du haut du
mont Phogor, Balaam voyait très bien le rocher sur
lequel était bâtie cette ville. Voir Accaïn. » Et, au
mot *Accaïn*, M. A. Legendre écrit : « *Haqqaïn*, en
hébreu, c'est-à-dire *Qaïn* avec l'article. Ville de la
tribu de Juda... Le mot *Qaïn* rappellerait la tribu
des Cinéens dont l'Ecriture parle en plusieurs en-
droits, Gen., xv, 19 ; Jud., i, 16 ; I Reg. xv, 6, et
qui habitaient le sud de la Palestine ».

Un article important, dû à M. l'abbé Lesêtre, est
consacré dans le même ouvrage, t. II, fascic. X, aux
Cinéens. Sur la question de leur origine, cet auteur
estime que leur séjour dans le désert du Sinaï, leurs
habitudes nomades, leur association avec les Amalécites à l'époque de Balaam et à celle de Saül, « don-
nent à penser » qu'ils étaient une ancienne tribu
arabe. Puis, M. Lesêtre énumère et discute diverses
opinions qui se sont fait jour pour expliquer ce
nom de Cinéen et l'origine de ceux qui l'ont porté.
Mais la multiplicité même et la diversité de ces opinions leur enlève beaucoup de leur valeur.

Le même auteur ajoute :

« On ne peut admettre l'opinion récente d'après laquelle *Qaïn* ou Cin, père des Cinéens, serait le même
que *Qaïn* (Caïn), le premier fils d'Adam. D'après les
auteurs qui ont soutenu cette identification, Fr. Lenormant, *Histoire ancienne de l'Orient*, t. I, Paris
1881, p. 204-205 ; Motais, *Le déluge biblique*, Paris
1885, p. 258-333 ; Robert, dans la *Revue des questions scientifiques*, avril 1887, p. 450-468 ; octobre
1887, p. 509-511, les Cénéens ou Kénites ne seraient

autres que les Caïnites ou descendants de Caïn échappés au Déluge. »

Après une assertion aussi formelle, une condamnation sommaire de l'opinion citée, le lecteur est en droit de s'attendre à une démonstration péremptoire, à une grande abondance de preuves. Il n'en est rien cependant. Tout ce que l'auteur trouve à donner à l'appui de son affirmation, se borne à cette réflexion :

« S'il en était ainsi » (c'est-à-dire si les Cinéens étaient les descendants de Caïn), « l'Ecriture ferait quelque allusion à une origine aussi remarquable. Tout au contraire elle range les Cinéens en compagnie de neuf autres petits peuples, Gen. xv, 19, et même, dans les passages parallèles, Gen., xiii, 7 ; Exod., iii, 8, 17 ; xiii-5 ; xxiii, 23 ; Deut., vii, 1 ; xx, 17 ; Jos., iii, 10, elle les passe totalement sous silence. »

Nous avouons ne pas voir là une démonstration bien convaincante. Le silence de l'écrivain sacré sur l'origine d'une tribu qu'il cite comme incidemment, ne nous paraît fournir ici aucune preuve ni dans un sens ni dans l'autre. L'observation qu'il ne la nomme pas en d'autres passages où il aurait pu le faire avec autant de raison que dans la prophétie de Balaam, et que ce dernier la range en compagnie de neuf autres petits peuples, ne prouve pas davantage à nos yeux. Le peu d'importance numérique d'une tribu ne préjuge rien quant à son origine ; il justifie d'ailleurs l'abstention de citations multipliées en ce qui la concerne. Ce qu'il peut y avoir de « remarquable » dans l'origine présumée caïnite des Cinéens, n'est pas d'ailleurs si glorieux et si honorable qu'il y eût grand intérêt à y insister.

Recherchons maintenant comment s'exprime la

Bible dans les différents passages où il est question de ces fameux *Cinéens* qui ont tant intrigué jusqu'ici les commentateurs.

Il en est question, pour la première fois, au chapitre xv de la Genèse, lorsque Dieu, faisant alliance avec Abraham, lui fait connaître la terre et les peuples qu'il soumettra à sa postérité : « depuis le fleuve d'Egypte jusqu'au grand fleuve d'Euphrate, les *Cinéens*, les Cénézéens, les Cedmonéens, les Hétéens, les Phérézéens, les Raphaïtes, les Amorrhéens, les Chananéens, les Gergéséens et les Jébuséens (vv. 18 à 21).

D'autre part, on lit, au chapitre ıv des Juges, ℣. 11 : « Or Haber le *Cinéen* s'était retiré depuis longtemps du milieu des autres *Cinéens* ses frères, fils d'Hobab, parent de Moïse. Il avait dressé ses tentes dans la vallée de Sennim, près de Cédès (1). » Et, au verset dix-septième : « Or Sisara, dans sa fuite, vint à la tente de Jahel, épouse d'Haber le *Cinéen* ; car la paix était alors entre Jabin roi d'Asor et la maison d'Haber le *Cinéen* (2). »

De ce que Hobab, ancêtre de Haber, était fils de Raguel le Madianite (Nom., x, 29), M. Lesêtre conclut que « les Cinéens formaient une simple petite peuplade appartenant originairement à la tribu des Madianites » (3). Rien d'impossible à ce que la « petite peuplade » eût été autrefois englobée dans la tribu plus puissante des Madianites ; il n'en résulterait point qu'elle ne provînt pas d'une souche différente.

(1) Haber autem *Cinœus* recesserat quondam à ceteris *Cinœis* fratribus suis filiis Hobab, cognati Moysi. Et tetenderat tabernacula usque ad vallem quæ vocatur Sennim, et erat juxta Cedes.

(2) Sisara autem fugiens pervenit ad tentorium Jahel, uxoris Heber *Cinœi* ; erat enim pax inter Jabin, regem Asor, et domum Haber *Cinœi*.

(3) *Dictionn. bibl.*, t. II, fascic. ıx, au mot *Cinéen*.

Ailleurs, au chapitre xxiv des Nombres, versets 21 et 22, Balaam voit les *Cinéens* et, prophétisant, il s'écrie : « Quoique... vous ayez été choisis de la race de *Cin...* » (1).

Or le nom propre que la Vulgate rend par *Cin* et son adjectif dérivé qu'elle rend par *Cinœus,* en français *Cinéen,* ne sont autre chose, en hébreu, que le nom de *Caïn* et son dérivé *Caïnite.*

Il faut ici considérer que, tant qu'on n'avait eu aucun motif de comprendre le déluge autrement que comme universel, certains textes embarrassants passaient sous le regard de l'herméneutique sans que l'on songeât même à poser le problème qu'ils soulèvent aujourd'hui. Seulement, aux expressions que l'on ne savait comment traduire on donnait, sans trop savoir pourquoi, les transcriptions les plus variées. Ainsi la version syriaque n'osant lire le mot *Caïn* dans les récits postérieurs au déluge, en change, toutes les fois qu'elle le rencontre, l'accentuation et l'orthographe, « bien que, dit feu l'abbé Motais, les textes hébreu et samaritain soient toujours identiques ». Les Septante font mieux : ils suppriment purement et simplement le mot embarrassant. La Vulgate procède autrement ; comme on l'a vu, elle remplace partout *Caïn* et *Caïnite* par *Cin* et *Cinéen* ; mais, pour cela, elle est obligée de faire une faute d'orthographe, en remplaçant le *qoph* hébraïque par le *c* latin qui ne lui correspond pas. Tout cela provient naturellement de l'opinion préconçue, où l'on était, de la destruction totale des Caïnites : on partait *a priori* de cette donnée, bien qu'elle ne soit nulle part requise par le texte, mais parce que l'on n'avait pas alors de motif de prendre les expressions hyper-

_____

(1) Vidit quoque *Cinœum* et assumpta parabola, ait : ... si fueris electus de stirpe *Cin.*

boliques du récit du déluge autrement qu'au pied de
la lettre (1). Et tandis que l'on se perdait dans ces
variations, contradictions ou suppressions, il se
trouve, de l'aveu de tous les exégètes, catholiques et
protestants, que les interprètes israélites, restés fi-
dèles au texte, n'ont jamais lu autrement que *Caïn.*
Si l'on ouvre une bible hébraïque quelconque, on
pourra constater que, partout où il est question d'une
race vivant encore et issue d'un auteur quel qu'il
soit du nom de Caïn, ce nom n'est jamais ortho-
graphié ni ponctué autrement que celui du premier
fils d'Adam (2).

Mais il n'est nulle trace d'un tel nom ni de rien
qui lui ressemble dans la triple liste des Noachides.
Et, partout où, dans la Bible, on rencontre la race
qui s'y rapporte, on est obligé de constater qu'elle
est étrangère à celle des fils de Noé au milieu desquels elle habite ; « que, au dire du texte sacré lui-
même, elle apparaît en Madian sans être madianite,
en Moab sans être moabite, en Chanaan sans être
chananéenne, en Palestine sans être israélite ;
qu'elle reste partout et toujours entièrement mysté-
rieuse au milieu d'un monde très connu ; enfin que
son existence un instant supposée résout d'un seul
coup dix problèmes autrement insolubles. » N'est-on
pas dès lors autorisé à se demander pourquoi cette
race ne serait pas caïnite, puisque l'Ecriture nous
dit qu'elle eut Caïn pour père ?

D'ailleurs les faits ne manquent pas à l'appui. Un

(1) Le besoin de comprendre pleinement la vraie pensée de
Moïse à cet égard est né surtout, dit M. l'abbé Motais, de la
campagne rationaliste contre l'authenticité de la rédaction de
l'écrit ; « le besoin a engendré l'étude, l'étude a produit la lumière. Ce fut la loi du progrès dans toutes les branches du système catholique, toujours grandissant sans changer. La vérité
est l'œuvre des siècles. »

(2) Cf. l'abbé Motais : *Le déluge biblique devant la foi, la raison et la science,* pp. 201 et suiv.

prophète, faux prophète à l'ordinaire il est vrai, mais que la volonté divine contraint à dire non ce qu'il voudrait, mais ce qu'elle veut qu'il dise, Balaam déjà cité plus haut, Balaam habitant des régions où vivent ceux que la Bible appelle caïnites, Balaam mandé par le roi moabite Balac pour maudire Israël, s'écrie du somme du Phégor :

« Une étoile sortira de Jacob et un sceptre d'Israël;

« Il frappera les deux frontières de Moab *et détruira les fils de* SETH (1). »

En disant ces paroles le prophète tournait ses regards du côté des troupes israélites. Mais ensuite il les porte du côté du peuple « caïnite », dit le texte ; *vidit quoque Cinæum*, dit la Vulgate.

« Et toi, Caïnite, s'écrie-t-il, tu t'es fait, crois-tu, une demeure éternelle en posant ton nid sur le rocher. Eh bien, malgré tout, *il doit être exterminé, lui aussi*, CAÏN ! (2). »

D'une part les fils de *Seth*; de l'autre les fils de *Caïn*.

Tout cela semble d'une clarté parfaite. Il s'agit d'un petit nombre de tribus ou petits peuples que les fils d'Israël auront à combattre, les uns Noachides comme lui, ce sont les *fils de Seth* ; les autres étrangers à la race de Seth, les descendants de Caïn.

Mais sortez de l'hypothèse d'un déluge restreint pour rentrer dans celle du déluge universel quant

______

(1) Nombres, XXIV, 17. — La Vulgate dit, au lieu des *deux frontières*: « Les chefs »: *Percutiet duces Moab*. Mais les hébraïsants rectifient sans difficulté cette traduction. Arias Montanus, dans sa traduction interlinéaire, écrit : *Transfiget angulos* Moab.

(2) La Vulgate, dit M. l'abbé Motais, *loc. cit.*, traduit d'une façon absolument inintelligible cette phrase, par ces mots : *Et si fueris electus stirpe Cin*, alors que le sens est rendu exactement par Gesenius et par M. Le Hir en ces termes : *Sed tamen exterminabitur Caïn.* « L'erreur de la Vulgate est encore ici tout à fait certaine. Il est visible que ce passage l'embarrasse absolument. » Voici la traduction d'Arias Montanus : Et, vidit Chæneum et tulit parabolam suam, et dixit: robustum est habitaculum tuum, et pone in petra nidum tuum. *Quinimo erit ad depascendum Caïn.*

aux hommes, et cette clarté devient une obscurité impénétrable. Aussi les multiples interprétations que les commentateurs ont cherchées, notamment pour expliquer le *Filios Seth*, forment-elles le tableau d'un désaccord complet.

Si le genre humain a péri tout entier, à l'exception de la famille de Noé, par l'effet du déluge, tous les hommes sont les fils de Seth ; et quand Balaam, rempli du souffle de l'inspiration divine, s'écrie que le sceptre d'Israël détruira tous les fils de Seth, *vastabit omnes filios* SETH, cela signifie naturellement que le peuple juif détruira l'humanité tout entière, ce qui est inadmissible. Certains commentateurs ont déclaré n'y rien comprendre. D'autres ont voulu appliquer *omnes filios Seth* littéralement au Messie, le surplus à Israël, brisant arbitrairement l'unité et l'harmonie de la prophétie, le sens de là phrase elle-même. Devant l'impossibilité d'admettre une telle interprétation, dans un cas surtout où il s'agit non de la conquête de l'univers, mais de la répression d'un petit nombre de peuplades, quelques-uns ont imaginé de rendre *filios Seth* par *filios tumultus, strepitus*, ce qui indiquerait des peuples turbulents, indomptables (1). D'autres traduisent par *filios obsidionis, — filios fundamenti, — populos antiquos, — Orientales :* les fils du siège, les fils du fondement, les peuples antiques, les Orientaux. Il en est enfin qui arrivent à des interprétations véritablement inadmissibles et ridicules que l'on ne saurait traduire en français. Recherchant les diverses significations du mot *Scheth* comme substantif commun, ils en viennent à traduire *filios Seth* par *filios natium,*

____

(1) Nous avons vu, t. I, chap. II, *in fine*, que M. l'abbé Pelt, un exégète et hébraïsant distingué, traduit *filios Scheth* par « fils de trouble », sans aucune préoccupation d'origine, mais en vertu des lois du parallélisme, l'expression par lui adoptée lui paraissant synonyme d' « habitants de Moab. »

filios clunium, ani, poaicis, ce qui, imaginent-ils, serait une allusion au culte lubrique des Moabites et à l'inceste des filles de Loth. On a aussi supposé un peuple séthite « inconnu », une ville « oubliée ».

Ces dernières explications ne sauraient soutenir l'examen. Au résumé, l'on ne sort pas de la confusion et de la contradiction, à moins d'admettre qu'il existait, au temps de Josué, d'autres hommes que des descendants de Seth, ce qui, tout aussitôt, supprime toutes ténèbres et toutes difficultés. Balaam mentionne, dans une opposition aussi littéraire que prophétique, deux races distinctes représentées, dans les lieux qu'embrasse son regard, par les tribus qu'il désigne.

VII
Races non noachides : préchananéenne, jaune, noire.

Il y aurait encore d'autres clartés à faire ressortir, concernant les Amalécites, les Cedmonéens et divers autres nommés parmi les peuples qui ne figurent point dans le tableau de la descendance de Noé. Les paroles mêmes de Moïse, au chapitre x de la Genèse, à l'occasion des descendants de Chanaan d'où sont sortis les peuples chananéens, désignent clairement les villes ou lieux formant les confins, la limite des pays occupés par eux. Cette frontière s'étendait « depuis Sidon *en allant vers Gérar,* jusqu'à Gaza ; puis de Gaza *en allant vers Sodome, Gomorrhe, Adama, Séboim* jusqu'à Lésa (1). »

Or Gérar n'est point compris dans le pays occupé par les Chananéens, étant situé au delà de Gaza. Le texte : *Venientibus a Sidone Geraram usque Gazam,* indique une ligne allant dans la direction de Gérar, c'est-à-dire du nord au sud, mais s'arrêtant à Gaza.

(1) *Gen.,* x. 18-19.

Abimelech, roi de Gérar, fait alliance avec Abraham, comme prince philistin, non comme Chananéen (1). De même les villes de la Pentapole indiquent le contour, le périmètre de ce côté de la frontière chananéenne dont ne font point partie ces villes et leur territoire. Si Moïse, les connaissant si bien, les

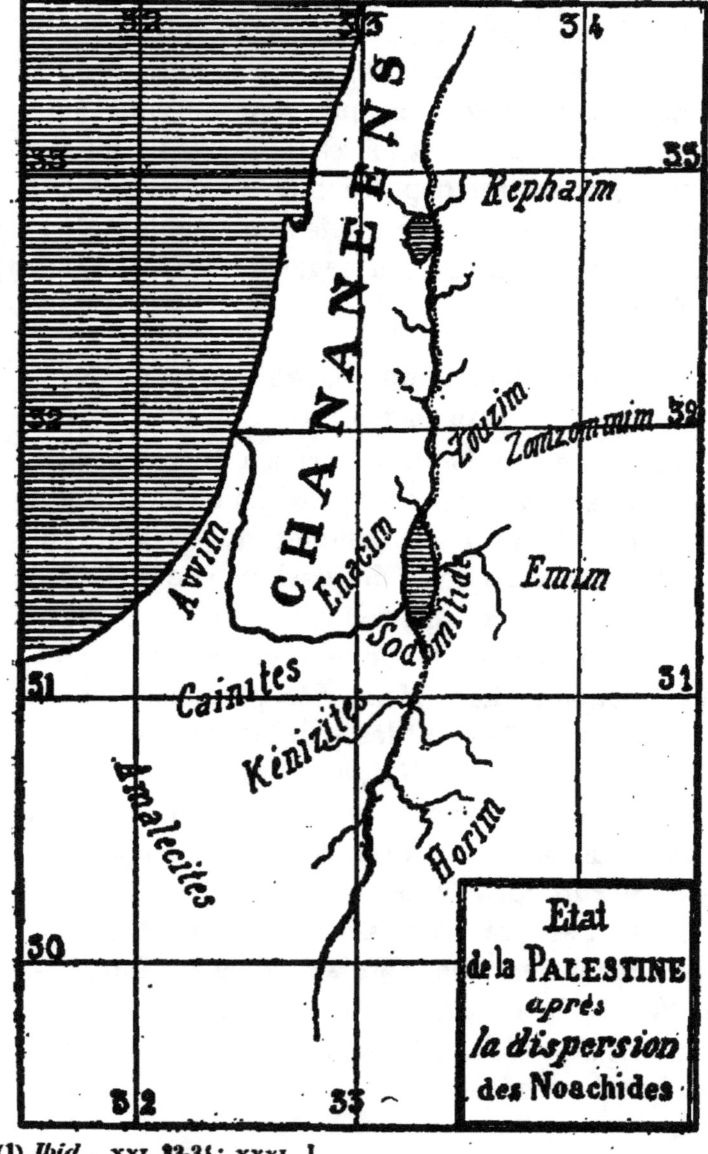

(1) *Ibid.*, XXI, 33-34; XXXI, I.

exclut avec tant de soin des pays qu'occupèrent les descendants de Chanaan, c'est qu'ils ne sont point chamites. D'ailleurs tous les explorateurs qui ont étudié sur les lieux l'ethnographie de la Palestine, MM. de Saulcy, le duc de Luynes, Munk, constatent que la Sodomitide ne faisait point partie de la terre de Chanaan et était occupée par une race différente, « que Moïse, dit M. Munk, ne nous fait point connaître ».

On peut se rendre compte, en jetant les yeux sur la carte ci-contre, de la situation de la Palestine après la dispersion des Noachides : les Chananéens descendants de Cham y occupent la région située entre la mer et la rive occidentale du Jourdain ; des peuples « de race différente » y sont répartis à l'est, au sud et autour du lac appelé depuis Asphaltite, d'une étendue bien moindre alors, sans doute, qu'aujourd'hui. Toutes ces peuplades, *Rephaïm, Zouzim, Zomzommim, Emim, Horim, Amalécites, Kaïnites, Kénizites, Avvim, Enaqim* et *Sodomites* occupaient les lieux indiqués sur la carte, quand les Chananéens se répandirent dans la Palestine ; plusieurs étaient déjà de vieux peuples, remontant à une haute antiquité. Ils sont désignés dans les Nombres, le Deutéronome, Josué et dans la Genèse elle-même :

« Nous avons vu la race d'Enach *(Enaqim)...* Nous avons vu des hommes qui étaient comme des monstres, des fils d'Enach de la race des géants, auprès desquels nous ne paraissions que comme des sauterelles. » *Nombres,* xiii, 29, 34. (Trad. de Sacy).

«... Ce pays (la terre de Chanaan) est extrêmement peuplé : les hommes y sont d'une taille beaucoup plus haute que nous... Nous avons vu là des géants (des enfants d'Enach). *Deuter.*, I.28.

« Les Emins *(Emim)* qui ont habité les premiers cette terre (la terre d'Ar occupée par les Moabites) étaient un peuple grand et puissant et d'une si haute taille qu'on les croyait de la race d'*Enaqim*, comme les géants. » *Ibid.*, II.10.

«... Donnez-nous cette montagne sur laquelle il y a des géants *(Enaqim)* et des villes grandes et fortes... » *Josué*, xiv, 12.

« Elle (la frontière de Juda) monte... jusqu'au haut de la montagne qui est à l'extrémité de la val- lée des géants *(Rephaïm)*. » *Ibid.*, xv, 8 — Josué donne à Caleb Curiath-Arbé, ville du père d'Enach (des *Enaqim*). » *Ibid.*, xvii, 15.

«... Montez à la forêt et faites-vous place en cou- pant le bois dans le pays des Pharéséens et des *Rephaïm*. » *Ibid.*, xvii, 15.

« L'an quatorzième Chodorlahomor vint avec les rois qui s'étaient joints à lui et ils défirent les Rephaïtes *(Rephaïm)* dans Astaroth-Carnaïm, les Zuzites *(Zouzim)* qui étaient avec eux, les Emites *(Emim)* dans Savé-Cariathaïm. » *Gen.*, xvi, 5.

Tous ces peuples étaient donc bien connus de Moïse et des Hébreux. Cependant ils ne figurent ni directement ni indirectement dans le tableau de la descendance de Noé.

. Ce silence de Moïse en cet endroit, on ne saurait trop le redire, ne s'explique d'une manière plausible et satisfaisante, que par la connaissance qu'il a de l'origine non noachide de ces peuples ; et ainsi la Genèse elle-même nous incite à croire que son au- teur n'a point cherché, au chapitre x, à donner la généalogie de toute l'humanité, mais qu'il a voulu seulement, et en pleine connaissance de cause, présenter celle de la race patriarcale préservée.

De plus, l'ensemble du récit des cinq livres mosaïques nous montre que, si son auteur ne connaît, par la voie traditionnelle et divine, que l'humanité issue de Noé, il ne connaît pas moins bien cependant, par la légende populaire, l'existence, l'histoire, la physionomie (on dirait aujourd'hui l'*ethnologie*) de ces peuples de race différente mais antique, ayant de beaucoup devancé, dans la future Palestine, les premiers descendants des sauvés du déluge. Moïse sait que ces peuples ne ressemblent pas aux races noachides : les Sémites, n'ayant rien vu de pareil parmi tous les fils de Noé, reculent d'effroi à leur vue, car c'est une race de géants, de *Nephilim*, auprès desquels ils ne paraissent que comme des sauterelles (1). Ces géants forment des peuples constitués, anciens, quand arrive la première émigration chamite, et non seulement Moïse les omet sans la moindre allusion dans la liste des fils et descendants de Noé, il les exclut formellement en outre de la région palestinienne que ces derniers viennent occuper.

Ailleurs l'auteur des Paralipomènes semble vouloir distinguer les Chananéens primitifs, les habitants de Geth, les *Havvim*, (voir la carte), en les appelant, non pas précisément *indigènes* comme a traduit la Vulgate (2), mais *nés dans cette terre*, ce que nous appellerions aujourd'hui *autochtones* : il existe en hébreu un autre terme, correspondant à notre mot *indigène*, pour désigner un peuple établi depuis longtemps dans un pays, comme étaient les Chananéens

---

(1) Ibi vidimus monstra quædam filiorum Enac de genere giganteo : quibus comparati, *quasi locustæ videbamur* (*Nomb.* XIII, 34).

(2) Occiderunt autem eos viri Geth *indigenæ*, quia descenderant ut invaderent possessiones eorum (Paralip. I, VII, 21).

lors de l'invasion des Hébreux, et la Bible ne se fait pas faute de l'employer le cas échéant (1).

Dans les *Nombres*, Balaam, rempli de l'esprit prophétique, désigne le peuple qui a été « le commencement des nations », c'est-à-dire la première nation de toutes, et ce peuple ne sort pas des fils de Noé : l'Amalécite (2) est l'allié, le frère d'un autre peuple qui s'appelle Caïnite, dont le père avait nom Caïn ; et ce nom ne s'applique avec certitude, dans tout le Pentateuque, qu'au fils d'Adam ; on n'y rencontre d'autre Caïn que le frère de Seth.

Ces exemples significatifs montrent que, sans sortir des textes bibliques, on trouve les preuves de l'existence de peuples non noachides, tout constitués et déjà anciens, lorsque les enfants de Noé se dispersent et se partagent l'espace ouvert devant eux, pour y fonder des nations.

D'autre part, les sciences humaines apportent un témoignage analogue en nous montrant, en Afrique, une race vieille comme la précédente, la race noire, venue de la même direction et occupant le terrain lorsque, traversant l'isthme, y parviennent à leur tour les enfants de Misraïm. En même temps, elles nous indiquent, vers le centre et l'est de l'Asie, une troisième race, également étrangère aux races noachides, de tout temps métallurgiste et correspondant à ce que la Bible nous apprend des premières origines de l'humanité : la race jaune, et sa dérivée la race appelée touranienne. Du cataclysme diluvien, la race noire n'a jamais entendu parler, n'a conservé aucun souvenir : la race jaune n'en a qu'une connaissance

____

(1) *Exod.* xii, 19, 48, 49. *Levit.* xvi, 19 ; xvii, 15 ; xviii, 26 ; xix, 31. *Nomb.*, ix, 41 ; xv, 13, 29. *Jos.* viii, 33. (Cf. *Le Déluge biblique*, p. 330, *ad not.*)

(2) Cumque vidisset Amalec, assumens parabolam, ait : *Principium Amalec, cujus extrema perdentur* (*Nomb.*, xxiv, 20).

empruntée, importée des peuples noachides avec lesquels elle s'est trouvée en contact, ou se rapportent à des inondations locales, sans rapport avec le déluge de Noé. L'une et l'autre parlent des langues rudimentaires « comme celles des géants de la Palestine, » et difficilement réductibles, jusqu'à présent, aux langues que parlent les peuples issus des enfants de Noé, des langues primitives dont la formation remonte à des peuples qui ont encore peu vécu.

N'y a-t-il pas là une harmonie parfaite entre les connaissances qui se dégagent de l'étude attentive des textes sacrés et celles auxquelles nous amènent les progrès des sciences purement humaines ?

Il est vrai que cette harmonie repose sur une interprétation nouvelle du récit diluvien, laquelle, par sa nouveauté même, n'a obtenu qu'à grand'peine droit de cité dans l'exégèse contemporaine. Mais ne sommes-nous pas quelque peu fondé à revendiquer, pour cette opinion qui dissipe tant de ténèbres et résout tant de difficultés, la simple liberté que l'Eglise a toujours libéralement octroyée à toute opinion n'intéressant ni le dogme ni les principes de la morale ? Aucun dogme n'est touché par elle, la morale n'en reçoit aucune atteinte, nous croyons l'avoir démontré. Enfin l'opinion antérieure de la société chrétienne ne saurait faire loi ici, la pureté de la foi n'y étant point intéressée. C'est d'ailleurs cette interprétation nouvelle, qui nous conduit à reconnaître et signaler les races actuellement survivantes ou ayant survécu, bien qu'éteintes depuis, au déluge de Noé. Il n'y a pas encore là, à proprement parler, une certitude ; du moins y trouve-t-on une vraisemblance et une harmonie qui sont une satisfaction pour l'esprit ; du même coup elles préviennent ou annulent plus d'une objection que pourraient suggérer au rationalisme ou à la soi-disant libre pensée, les obscurités même que tend à dissiper la nouvelle interprétation.

Nous nous sommes, dans les pages qui précèdent, beaucoup inspiré de l'ouvrage de M. l'abbé Motais. C'est que, dans tout ce qui a été opposé aux faits et rapprochements par lui présentés, et à son argumentation, nous n'avons rien trouvé de décisif, rien qui renversât cette même argumentation et donnât, de ces rapprochements et de ces faits, une explication aussi satisfaisante, loin de l'être davantage.

Est-il besoin d'ajouter que, tout en revendiquant ici la liberté d'appréciation à laquelle nous croyons avoir droit, cette revendication même est subordonnée aux décisions possibles de l'Eglise ? Inutile, croyons-nous, d'insister sur cette déclaration : de la part d'un écrivain catholique, elle est, semble-t-il, superflue.

Si, d'autre part, la nouvelle interprétation finit par prévaloir, apportant à la défense de la vérité la ressource considérable du remarquable accord qu'elle établit entre nos livres saints et les connaissances fondées sur les progrès certains des sciences profanes, l'honneur en reviendra, pour une grande part, au très regretté abbé Motais. C'est lui qui le premier a fait ressortir, dans toute leur force, les nombreuses preuves qui militent en faveur de la thèse de non-universalité : personne, mieux que lui, n'a su montrer l'insuffisance des considérations développées en faveur des thèses opposées.

FIN

———

Paris. — Impr. des Orph.-Appr. d'Auteuil, D. Fontaine,
40, rue La Fontaine.